讲给孩子的
科学通识课
人体与生活

童 心 / 编著

化学工业出版社

·北京·

图书在版编目（CIP）数据

讲给孩子的科学通识课. 人体与生活 / 童心编著.
—北京：化学工业出版社，2023.11
ISBN 978-7-122-44158-4

Ⅰ. ①讲… Ⅱ. ①童… Ⅲ. ①科学知识–儿童读物
②人体–儿童读物 Ⅳ. ①Z228.1②R32-49

中国国家版本馆CIP数据核字（2023）第173892号

责任编辑：史　懿　　　　　　　　装帧设计：刘丽华
责任校对：李雨晴

出版发行：化学工业出版社（北京市东城区青年湖南街13号　邮政编码 100011）
印　　装：天津图文方嘉印刷有限公司
710mm×1000mm　1/16　印张10　字数150千字　2024年1月北京第1版第1次印刷

购书咨询：010-64518888　　　　　　售后服务：010-64518899
网　　址：http://www.cip.com.cn
凡购买本书，如有缺损质量问题，本社销售中心负责调换。

定　　价：49.80元　　　　　　　　　　版权所有　　违者必究

当精子与卵子第一次相遇，便预示着人体开始形成。它从一个微小的细胞孕育为一个人，从无意识状态变得会思考、会感觉、有智慧，这个神奇的成长过程被人类赋予了新的含义——生命。其实，人体就是一台复杂的机器，血管、肌肉、骨骼、内脏、皮肤等各种器官，就是组成这个机器的许许多多的零件。尽管它们功能不同，但是相互配合、相互协作，由此形成了一个健康运行的人体。

人在慢慢长大的过程中，会不由自主地对自己的身体产生诸多疑问，比如鼻子为什么会闻到气味？眼睛为什么会流泪？心脏为什么会跳动？头发为什么会变白？人为什么要吃水果和蔬菜？为什么会感冒发热？这些疑问萦绕在许多人的心头，现在本书将会一一为你解答。本书历时两年编写、绘画，图片精美生动，语言轻松有趣，不仅对人体本身进行了揭秘，同时也对人体在日常生活中的表现进行了详细说明。

相信通过阅读本书，不仅能使同学们更科学、更清楚地认识自己的身体，同时也能够极大地丰富同学们的课外生活，增加同学们的知识积累，使每一位同学都能变得更有智慧！现在，快快开始这次不可思议的人体漫游吧。

童 心
2023 年 9 月

目 录

第1章 探索人体奥秘 / 1

第2章 人的身体和四肢 / 41

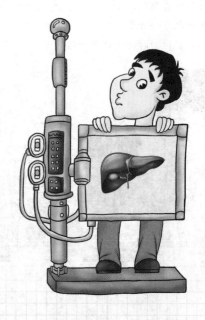

第3章 睡眠和运动 / 72

第4章 吃穿住行 / 85

为什么不要随便挖鼻孔?

有的小朋友喜欢将手指伸进鼻孔中挖来挖去,这可是非常不好的习惯。因为在鼻腔的表面覆盖着一层非常薄且十分易破的鼻黏膜。这层鼻黏膜上面分布着很多毛细血管。在挖鼻孔的时候,很容易碰破这些脆弱的血管,这样就会导致流鼻血。

不仅如此,挖鼻孔还有可能诱发细菌和病毒感染,严重的甚至会使鼻黏膜发炎。所以,小朋友们还是改掉随便挖鼻孔的坏习惯吧!

人为什么最好用鼻子呼吸?

我们是用鼻子呼吸还是用嘴巴呼吸呢?从表面上看,用嘴巴呼吸和用鼻子呼吸并没有什么不同,但事实上,用嘴巴呼吸的危害非常大。当我们用嘴巴呼吸时,很多病菌就会直接通过嘴巴进入我们的肺,这样生病的概率就会大大增加,同时,我们的免疫力也会下降。

难道用鼻子呼吸就没有这些问题吗?原来,在我们的鼻腔里生长着很多鼻毛,这些鼻毛虽然细小,作用却非常大。它们可以有效地阻挡空气中飘浮的尘埃和病菌。也就是说,这些鼻毛就像鼻子的过滤器,可以过滤掉杂质,这样一来,我们就可以呼吸到新鲜的空气了!

智慧大本营 ←

正常情况下,成人每次的呼吸量大约为500毫升。成年男性的肺活量是3500~4000毫升,而成年女性为2500~3500毫升。

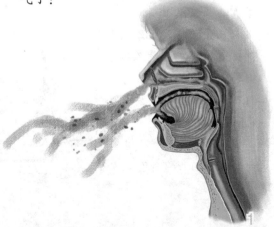

1

为什么用手捂着鼻子就闻不到气味了呢？

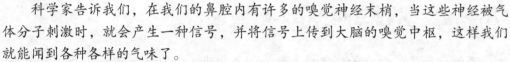

科学家告诉我们，在我们的鼻腔内有许多的嗅觉神经末梢，当这些神经被气体分子刺激时，就会产生一种信号，并将信号上传到大脑的嗅觉中枢，这样我们就能闻到各种各样的气味了。

当我们用手捂住鼻子时，就堵塞了气体分子进入鼻子的通道，那些刺激我们的气体分子无法进入鼻腔，嗅觉神经自然就不会得到刺激，当然也就闻不到气味了。

每天掉头发会变成秃子吗？

有时人们梳头后，梳子上总会有残留的头发。这样一直掉头发的话，会不会变成秃子呀？

医学家做过专门的研究。他们发现，人的头发也有寿命，当发根老化之后，头发就会自然脱落。也就是说，掉头发是一种正常的生理现象，每天都在发生着。而且，因为毛囊没有死掉，当老化的头发脱落后，就会有新的头发长出来。

另外，每天脱落的头发和新长出的头发数量基本相等，也就是说，我们不需要担心掉头发的问题哦！

不过，有时不健康的生活习惯可能会让人们过量脱发。比如心情焦虑、作息时间混乱等。为了头发的健康，我们要早睡早起，经常洗头、梳头，多吃芝麻等对头发有益的食物。这样，当我们长大后就会有一头亮丽的头发啦！

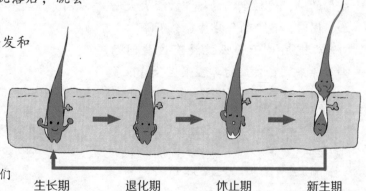

生长期　　　退化期　　　休止期　　　新生期

老人的头发为什么会变白?

每个人上了年纪后，头发都会变白，这是为什么呢?

要想知道原因，就要先分析一下头发的结构。在我们的头发里，有一种叫作黑色素的物质，它由色素细胞产生。黑色素数量越多，头发的颜色就越黑；当黑色素数量变少时，头发就会变白了。

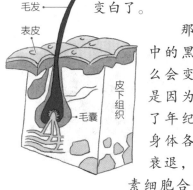

毛发
表皮
皮下组织
毛囊

那么，头发中的黑色素为什么会变少呢? 这是因为在人们上了年纪后，由于身体各种机能的衰退，色素细胞合成黑色素的功能也会慢慢下降。产生的黑色素越来越少，头发也自然变白了。

一般来说，男性在30岁左右、女性在35岁左右时便会开始出现白头发。

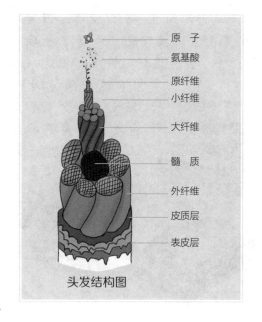

原子
氨基酸
原纤维
小纤维
大纤维
髓质
外纤维
皮质层
表皮层

头发结构图

在日常生活中，小朋友们可以多让爷爷奶奶吃一些富含蛋白质的食物，避免让他们过度劳累和紧张，这样就可以减慢头发变白的速度了。

青少年为什么也会长白头发？

我们都知道，头发变白是因为缺少黑色素。按理说，人老了之后才会有这样的情况。但是，这也不能排除意外的发生。青少年早生白发，其实是因为人头发当中黑色素的合成发生了障碍，使得黑色素的含量变低，进而长出了白发。一般情况下，青少年精神紧张、营养不良等都很容易长白发。

不过，就算出现了白头发也不要过度担心，只要及时放松心情，补充富含蛋白质的食物，头发还是可以变黑的！

智慧大本营 ↑

很多人看到白头发都想将它拔掉。其实这是不科学的。因为有的时候不等头发脱落，就强行拔掉的话，很容易引发毛囊炎。

人为什么会生头皮屑？

我们经常会在头发上发现一些头皮屑，为了去掉它们，就要经常洗头。可是即便如此，头皮屑还会存在。它们究竟是从哪儿来的呢？

事实上，头皮和人体其他肌肤结构是一样的，最外层是角质层。随着头皮的正常生理活动，会不断进行新陈代谢，这样角质层会不断老化。老化后的角质层就会脱落，而我们的头皮屑，就是混合了皮肤油脂而脱落的角质层。

当然，除了正常的新陈代谢之外，使用碱性强的肥皂和洗发水也是易生头屑的原因。因为强碱会刺激头皮，加速头皮角质层的脱落。要想避免头皮屑，就要使用温和的洗发水，还要经常梳头哦！

东方人的头发为什么大部分都是黑色的？

在看电视的时候，我们会发现，外国小朋友的头发颜色和我们不同。为什么很多外国人都是黄色或者褐色的头发，而我们东方人的头发都是黑色的呢？

这是因为我们的头发里存在着三种不同的色素。它们分别是优黑色素（也叫作真黑色素）、红黑色素和嗜黑色素。由于生存环境和遗传因素的影响，色素在不同人种的头发中所占的比例也不相同，头发的颜色自然也就不相同啦。

东方人多是黑发，除了遗传和进化的原因，也有自然条件的影响。我们生活在温暖地区，这里阳光充足，所以毛发中优黑色素就多；而西方人很多生活在日光稀少的寒冷地区，这使得黑色素细胞逐渐退化，头发也就发黄了。

黑人的头发为什么卷卷的?

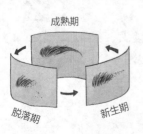

我们和外国人的区别除了发色之外还有其他方面。比如,东方人大多是直发,而黑人则多是卷发。为什么会有这种差异呢?问题不在于我们的头发,而在于我们的毛囊。

我们都知道,头发是从头皮的毛囊中长出来的,因为遗传因素的不同,所以每个人毛囊形状也各不相同。一般来说,如果毛囊是圆形的,那么就会长出直发;但如果毛囊是椭圆形或者不规则形状的,那么生长出的头发就会变成卷发了。因为黑人的毛囊是不规则的形状,所以头发就是卷卷的了。

圆形毛囊　　　　椭圆形毛囊

人的眉毛为什么总是长不长?

每过一段时间,我们就会发现自己头发变长了,这时爸爸妈妈会领着我们去理发。可是,眉毛和头发一样也是毛发,为什么眉毛不会越来越长呢?

眉毛和头发确实一样,都是依靠毛囊底部细胞的分裂、繁殖来不断更换、生长的。而且,头发和眉毛都有着一定的生长期。在生长结束后,它们就会自然脱落,然后从毛囊中长出新的毛发来。但是,眉毛的生长周期只有5个月,这个周期比头发要短多了。

也就是说,眉毛不是长不长,而是在变得特别长之前就已经脱落了,所以我们才感觉眉毛长不长。

成熟期

脱落期　　　新生期

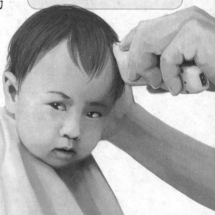

人为什么要眨眼睛?

很难有人可以坚持超过2分钟不眨眼。为什么眼睛需要不停地眨动呢?

原来,眨眼睛是人体为了有效保护眼睛而做出的正常生理反应。小朋友们可能有这样的经历,当我们长时间看书和做作业后,眼睛就会觉得疲劳。这时眨几下眼睛,会觉得舒服一些。这是因为,在我们眨眼睛的一瞬间,光线中断了,就能缓解眼睛长时间注视的疲劳。

另一方面,眨眼可以起到清洁眼球、湿润眼球的作用,还能防止沙粒和飞虫这样的不速之客"入侵"我们的眼睛,有利于我们眼睛的健康。据统计,我们的双眼每分钟平均要眨动15次,只不过这是我们的本能反应,平时不会注意到罢了。

智慧大本营 ↑

人类的眼睛含有大量的叶黄素,这种元素是人体无法制造的,必须靠摄食来补充,如果缺乏这种元素,眼睛就会失明。而黄色玉米含有叶黄素,所以平时小朋友们可以多吃一些黄色玉米。

杂质入侵

眨眼防护

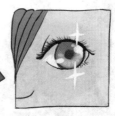

眼球健康

眼睛保护示意图

7

人在瞄准时为什么要闭上一只眼睛?

在平时的生活中，两只眼睛看东西的确比一只眼睛更清楚。但是我们不知道的是，人的两只眼睛观察到的物体并不是完全一样的！事实上，我们的眼睛和照相机差不多，根据不同的角度，会拍摄出不同的景物。因为双眼之间隔着一定的距离，所以看到的物像就不会完全相同。

我们都知道，枪上有标尺和准星，要使子弹准确击中目标，标尺、准星必须和目标在一条直线上。因为两只眼睛同时看会出现偏差，所以就要闭上一只眼睛射击啦！

单眼瞄准

双眼瞄准

为什么眼睛不怕冷呢?

在寒冷的冬天，我们会穿上厚厚的棉衣棉鞋，戴上棉帽、护耳和口罩，只把眼睛露在外面。奇怪的是，我们的眼睛露在外面却对温度没有反应。难道它不怕冷吗？

还真说对了，眼睛就是不怕冷。因为我们的眼睛结构比较特殊，虽然分布着极为丰富的触觉和痛觉神经，但却没有感知温度的神经。没有感觉，自然就不会有影响了。更为重要的是，眼球本身是缺少血管的透明组织，热量无法散发，再加上眼皮的保护，冷空气自然拿它没办法啦！

智慧大本营 ↑

眼睛是我们非常重要的器官之一，我们大脑中80%的知识和记忆都是凭借着眼睛来获取的。平时我们读书、写字、欣赏风景等都需要眼睛来完成。所以，小朋友们一定要保护好自己的眼睛哦！

早晨醒来时眼睛里为什么会有眼屎呢?

在早晨洗漱时，总会发现眼角有眼屎，这真让我们心烦！有的小朋友也在想，睡前明明洗了脸，睡觉时眼睛也闭上了，为什么还会有脏东西呢?

只要我们了解一下眼皮的结构组织，就能知道答案了。在我们眼皮里有一种叫作睑板腺的组织，睑板腺会一刻不停地分泌一种像油脂一样的物质，以此来保护眼睛，防止汗水和杂物落到眼球上。

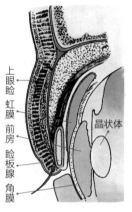

上眼睑 虹膜 前房 睑板腺 角膜 晶状体

眼部结构图

到了晚上，我们已经闭上眼睛睡觉了，但是睑板腺却没有休息，仍然不停地分泌油脂。就这样，油脂越来越多，流到眼角后混合了空气中的灰尘，就形成了眼屎。所以说，眼屎是眼睛受到保护的证明呢！

人在蒙上眼睛后为什么无法走直线?

小朋友们都玩过藏猫猫吧，玩的时候我们会蒙上眼睛。这个时候，你们有没有发现这样一个奇怪的现象：明明觉得走的是一条直线，可睁开眼睛却发现走得歪歪扭扭。这是怎么回事呢?

我们平时走路时都是靠眼睛来辨别方向和距离的，当眼睛被蒙住后，我们的眼睛就失去作用了，这时我们只能靠着"感觉"走。而我们的双腿是由不同肌肉控制的，所以，在我们迈步子的时候，两条腿走的距离不一样，虽然差别非常小，但是步子多了，这种差距还是会很明显。而我们走路又不是一字步，自然就会走得歪歪扭扭了。

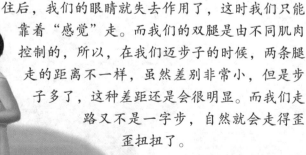

人的两个眼珠为什么
总是同向转动？

我们的眼珠虽然灵活，却只能同时向一个方向转动。无论怎样努力，都打破不了这个规律！这究竟是为什么呢？

原因在于我们的眼部肌肉。眼睛之所以能够自如地转动，是因为有六条肌肉控制着，当眼球向各个方向转动时，总有一条肌肉起着主导作用，其他几条肌肉协调它的动作。六条肌肉中的每一条都不会闲着，就像人很难同时做好两件事一样，肌肉也无法同时做两个动作，所以眼睛也就无法同时向两侧转动了。

而且，这也是人体的特别结构。试想一下，要是我们的眼睛一个向左看，一个向右看的话，那么大脑到底要接收哪只眼睛的信号呢？所以说，双眼看向同一个方向也能避免我们的脑海中出现"两个世界"。

智慧大本营 ↑

虽说我们的眼睛转动都会朝向同一个方向，不过有一种情况是例外的，就是斗鸡眼。这是由于天生或刻意将双眼的瞳孔向中间靠拢才形成的。

人在哭的时候为什么会"一把鼻涕一把泪"？

当小朋友们受到爸爸妈妈批评时，会不会难过地流下眼泪呢？在我们哭的时候，经常会哭得"一把鼻涕一把泪"。

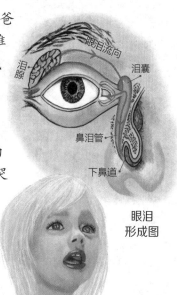

眼泪形成图

原来，我们的眼睛和鼻子之间有个叫鼻泪管的器官，它就像一个通道。这个通道就是为了把眼睛分泌的多余泪液排到鼻腔里，再通过鼻腔排出体外。在我们哭的时候，眼泪会大量分泌，眼球没办法将它们迅速排出，这个时候，鼻泪管就发挥作用了。一部分眼泪会进入鼻腔，之后和鼻子里的黏液混合，再一起流出，这就是我们哭时的鼻涕了。也就是说，只要我们眼泪很多，就一定会"一把鼻涕一把泪"的！

近视眼为什么无法看清远处的东西？

戴近视镜的小朋友肯定深有体会，摘掉眼镜后，根本就看不清远处的东西，为什么变成近视眼后会看不清远处的东西呢？

这就需要了解一下近视眼的成因了。在我们的眼中，有一个相当于凸透镜的晶状体，如果不注意眼部健康，眼球附近的肌肉就会变得疲劳，不能有效地将晶状体回缩调整。久而久之，没有得到正确调整的晶状体就会变形，变得非常厚。如此一来，晶状体的焦距也会变近，物体在视网膜上的成像会变模糊，最后就成近视眼了。

为了避免成为近视眼，我们一定要养成良好的用眼习惯！

为什么不要在黑暗中看电视？

小朋友们都喜欢看电视吧，那些精彩的电视节目真是让我们着迷。但是，在欣赏优秀的节目时，一定要注意保护眼睛，尤其是不要在黑暗中看电视。

在黑暗中看电视的时候，我们的眼睛会进入高度紧张的工作状态。而电视机屏幕上的光线又会变来变去，光线强弱急剧

变化会刺激我们的眼睛。不仅如此，播放节目时，屏幕还会不停地变换颜色。这样不停地折腾，难免会出现视觉疲劳，长此以往，视力很容易下降。

而在有灯光的地方看电视，眼睛受到的刺激就相对较小。所以，晚上看电视的时候一定要记得打开灯哦。

智慧大本营 ↑

除了不能在黑暗中看电视外，小朋友们也不要长时间看电视，最好每隔40分钟就休息一会儿。只有这样，我们才能在欣赏精彩节目的同时，拥有一双健康的眼睛！

为什么看电视久了眼睛会感到干涩呢?

当我们长时间看电视后,会感到眼睛干涩,十分难受。小朋友知道这是为什么吗?

这是因为,长时间看电视会使眼部肌肉一直处在紧张状态,这会影响眼球的正常功能。另外,由于看电视时眨眼频率变少,我们的眼球得不到足够的眼泪润滑,也会造成眼睛干涩,有时还会伴随疼痛感。

其实,不光是看电视,只要长时间用眼,都会有眼睛干涩的症状出现。在日常生活中,如果感到眼睛干涩的话,我们就要闭上眼睛歇一会儿,或是眺望一下远方。当然,最好的办法还是防患于未然,要注意看电视、玩电脑的时间,好好做眼保健操哦!

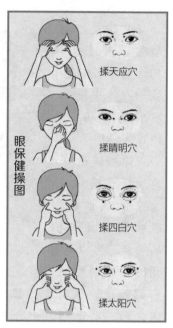

眼保健操图

揉天应穴

揉睛明穴

揉四白穴

揉太阳穴

为什么多看绿色对眼睛有好处?

在学校里,老师总是要求小朋友们在课间多看看绿色的植物,不仅可以缓解学习带来的疲劳,而且对眼睛有很大的好处。知道这是为什么吗?

在众多的颜色当中,绿色是对眼睛刺激性最小的颜色。当我们看到绿色时,是眼部神经最为"放松"的时候,也就是说,这是我们双眼"休假"的大好机会!不仅如此,科学家还做过实验,证明绿色能够大量吸收紫外线,要知道,紫外线可是我们眼睛的"敌人"呢!

现在明白了吧!绿色不仅能够使眼睛放松,还可以保护眼睛不受伤害,真是眼睛的"好朋友"哦!

为什么眼睛不容易得病？

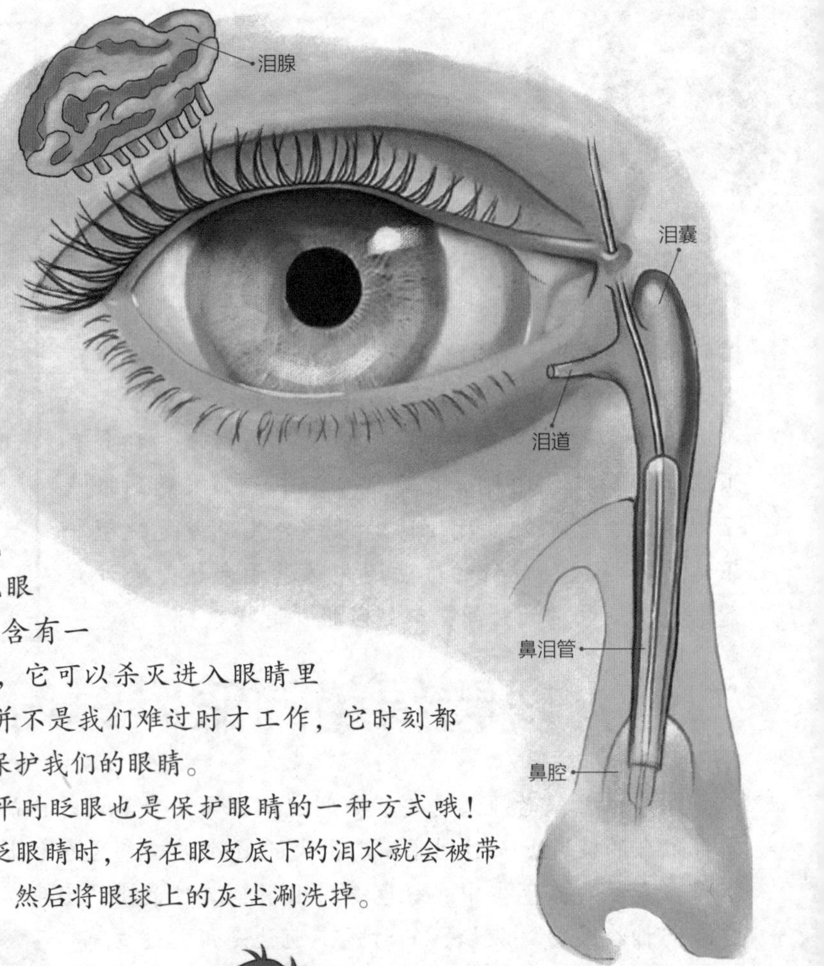

眼睛是非常脆弱的，可是，你相信吗？它却是我们身体中最不容易得病的器官呢！

你知道这是为什么吗？原来，我们的眼睛有自我保护的功能，可以随时预防疾病的发生。我们都知道，眼睛会流眼泪，而这些眼泪当中含有一种叫作溶菌酶的成分，它可以杀灭进入眼睛里的病菌。而且，泪腺并不是我们难过时才工作，它时刻都会分泌泪水，以此来保护我们的眼睛。

不仅如此，我们平时眨眼也是保护眼睛的一种方式哦！当我们眨眼睛时，存在眼皮底下的泪水就会被带上来，然后将眼球上的灰尘涮洗掉。

泪腺

泪囊

泪道

鼻泪管

鼻腔

眼泪的成分

清除杂质和细菌

保护眼睛的健康

智慧大本营

虽然我们的眼睛有着优秀的自我保护功能，但这并不代表我们就可以对它不管不顾了。眼睛毕竟是脆弱的，我们还是要注意用眼卫生，让近视眼和眼部疾病彻底远离我们！

14

人老了为什么眼球会变黄？

小朋友们都知道"人老珠黄"这句成语，意思是当一个人老了之后，眼球会变黄。为什么会出现这种情况呢？

这就要从眼球表面的结膜说起了。所谓结膜，就是从上下眼睑内面到角膜边缘的透明薄膜，由于长期受紫外线、灰尘等污染，薄膜表面会产生色素沉着的不良反应。它们会在结膜层集聚成块状的黄斑，所以看起来眼球就变黄了。由于这一现象最主要是受外界影响而产生的，所以接触环境较久的中老年人容易出现这种现象。

而小朋友们的眼睛之所以那么明亮，是因为年纪还小，没有像中老年人那样受到许多污染！

为什么刚关上灯时眼睛看不见东西？

小朋友们应该都经历过这样的事情，当你晚上睡前关上灯时，会突然发现眼睛看不见东西了，要过一会儿才能看到，这到底是怎么回事呢？

这和眼睛的构造有关系，科学家发现，在眼睛的视网膜上，有两种感觉细胞，一种叫视锥细胞，另一种叫视杆细胞。视锥细胞通常在光线较强的环境中有着很强的分辨力，但是当光线较弱时，它就无法让我们看清物体了。

而视杆细胞，可以在黑暗的环境中帮助我们看清物体，不过它的反应有点迟钝。所以当我们关上灯后会感到眼前一黑。但是，视杆细胞不久就会反应过来，帮助我们在黑暗中看清物体的轮廓啦！

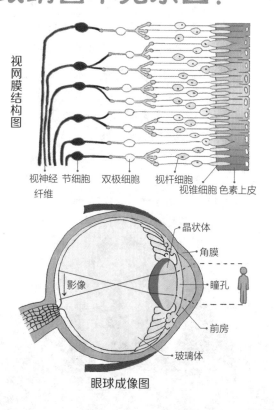

视网膜结构图

视神经纤维　节细胞　双极细胞　视杆细胞　视锥细胞　色素上皮

晶状体

角膜

影像

瞳孔

前房

玻璃体

眼球成像图

哦，眼皮跳原来是这么回事呀……

「左眼跳财，右眼跳灾」可信吗？

我们常常听人说，"左眼跳财，右眼跳灾"，这句话是真的吗？

这是种迷信的说法，是不可信的哦！我们的眼皮总是跳的话，说明我们没有休息好，很累，或者是身体内部有什么病变，而不是什么情况要发生的预兆。在眼皮跳的时候，我们因为不知道原因，所以会觉得很烦、心绪不宁。这个时候，我们的注意力就无法集中，容易出现一些小意外或者错误，有时做危险的工作，还可能出现一些严重的事故，这就是所说的眼皮跳的"灾"了！

所以，不要因为眼皮跳就想东想西，只要稳定下心神来，就不容易出差错啦！

多吃甜食视力会变差吗？

很多小朋友最喜欢吃甜甜的糖果和巧克力，父母总是让我们少吃，因为甜食会引发蛀牙的产生。但是，我们不知道的是，多吃甜食还可能会影响视力呢！

糖和视力有什么关系吗？我们来看看就知道了。糖是产酸食物，能中和体内的钙、铬等碱性元素，而钙和铬是保持眼球弹性的材料。当钙、铬不足时，眼球壁弹性就会降低，不能保持正常眼压，时间长了易造成近视。另外，血液里糖分增高会加速眼球中晶状体变形，引起眼部肌肉的疲劳，极易导致近视。

所以，小朋友们在平时一定不能过多地吃甜食，合理膳食才是保证健康的有效手段，只有这样，我们才会健健康康地度过每一天！

智慧大本营 ↑

我们在运动的过程中，身体会消耗大量的能量。这个时候吃甜食是可以的，能够短时间恢复能量，不过也不能吃得太多哦！

17

隐形眼镜为什么能戴在眼球上？

　　小朋友们见过隐形眼镜吗？有的人近视，为了美观又不想佩戴眼镜，所以隐形眼镜就应运而生了。戴上它不仔细看是看不出戴了眼镜的。普通的眼镜架在我们的鼻梁上，可是隐形眼镜是怎么"贴"到我们的眼球上的呢？

　　这和隐形眼镜的质地有关系哦！隐形眼镜多是由洁净无污染的有机玻璃制成的，这种玻璃非常精密，制作出来的眼镜呈碗状，符合我们眼球的弧度。将它放在眼球上，就能与角膜的弯曲度非常好地吻合，这使得隐形眼镜能够贴合眼球，又不阻碍眼球的转动。这么方便又美观的眼镜，自然被很多爱美人士使用。

为什么不能经常掏耳朵？

　　有的小朋友总是觉得耳朵里痒痒的，喜欢掏耳朵，但是经常掏耳朵是一个非常不好的习惯哦！

　　我们都很讨厌耳朵里的耳垢，认为这种脏东西多了很难受。但是你知道吗？这些耳垢可是保护我们耳朵的忠诚卫士呢！根据科学家的研究，耳垢可以阻止小昆虫、粉尘等进入耳朵，以此来保持耳朵的安全和卫生。

　　要是我们把耳垢全部掏干净，那么耳朵就会失去保护啦，没有了阻碍，粉尘等杂质很容易进入我们的耳朵，从而引起感染。即使没有小昆虫进入耳朵，掏耳朵的时候也可能损伤我们的鼓膜。所以说，我们还是不要经常掏耳朵，即使耳朵里很痒，也要用棉签等软一些的物体来处理，不要用硬物哦！

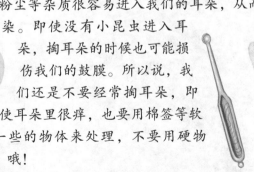

耳朵为什么最怕冻呢？

在寒冷的冬天，我们除了穿上厚厚的棉衣棉裤，爸爸妈妈总是会让我们戴上厚厚的护耳，为什么耳朵那么怕冻呢？

这要从耳朵的结构说起了。我们的耳朵里分布着大量的毛细血管，血流量较小，所以血液只能带给耳朵很少的能量。此外，我们的耳朵虽然体积很小，但是它却直接和空气接触，呼呼而过的冷风会带走大量的热量，耳朵自然会感觉到冷啦！所以，在寒冷的冬天人们会不由自主地"捂耳朵"呢！

半规管

听小骨

外耳道

耳郭

耳蜗

鼓膜

哇，戴上耳罩，耳朵一点儿也不冷啦！

智慧大本营

有的人喜欢打耳洞，在耳洞上戴上金属饰品，这样更容易冻伤耳朵。因为金属导热性良好，所以会让我们的耳朵更加敏感。想要防冻，可以在耳朵上涂一些甘油，出门戴上耳罩、帽子等。这些措施都非常有效。

19

攀爬高山时为什么会突然耳鸣？

爬山是一项对健康非常有利的运动，不仅可以锻炼人的体魄，还能磨炼战胜苦难的勇气。但是参加过爬山运动的小朋友可能遇到过这样的情况：当你越爬越高时，会突然出现耳鸣，令人十分痛苦。有的小朋友不禁要问，为什么会突然出现耳鸣呢？

原来，随着人攀爬高度的不断增加，大气也越来越稀薄，气压也随之越来越低。这就找到原因啦，因为外部气压比耳内的气压低，导致鼓膜往外膨胀，引起了耳鸣。所以，爬山时的耳鸣是人体对外界的正常反应，不必过于紧张，只要将嘴张开，使内外气压保持平衡，就能消除耳鸣了。

在日常生活中我们也会遇到类似的情况，比如乘坐飞机起飞、电梯突然停止的时候都会由于气压的变化而引起耳鸣。我们只要用和爬山时一样的方式处理就可以了！

为什么大部分耳聋的人都不会说话？

小朋友们听说过"十聋九哑"这句话吗？这句话的意思是说大部分耳聋的人也不会说话，为什么会出现这种现象呢？

其实，我们的语言能力不是天生就具有的，而是需要通过后天的学习才能获得的。耳聋的人在婴儿时期便没有听力，无法听见别人的声音，也就没办法学习说话了，在长大之后，就会成为聋哑人。当然，耳聋的人并不一定都不会说话，如果他们能够学习唇语并加以正确的训练，那么他们也是可以和正常人一样开口说话的。

在日常的生活中，聋哑人由于身体的缺陷会有许多不便，所以小朋友们一定要多关心、帮助他们啊！

为什么有的人有口臭?

在公交车上，最令人反感的恐怕就是遇到有口臭的人了。口臭令人十分讨厌，那么人为什么会有口臭呢？难道这些人不刷牙吗？

现代医学研究表明，导致口臭的原因有很多，比如口腔内有食物残渣或是牙龈发炎等，甚至有些疾病也会导致口臭，比如糖尿病和胃病等。

啊，好臭啊！

HELLO

智慧大本营

口臭虽然让人反感，但并非没有消除的方法。由疾病引起的口臭自然比较难消除，但平时要避免还是不难的，只要注意口腔卫生，定期接受口腔检查，基本就可以避免口臭的发生。

人为什么一想到酸味就会流口水?

小朋友们有没有这种感觉：当看到酸酸的东西，比如山楂、酸枣等，嘴巴里就会有酸酸的感觉，之后口水就留下来了。你们知道这是为什么吗？

告诉你们吧，这是因为我们以前吃过山楂等酸酸的东西，它们强烈的酸味给我们留下了非常深刻的记忆。而当我们再次看到这些酸酸的东西时，大脑记忆细胞就会立刻将这种刺激性很强的酸味激发出来。此时，这种酸味就会强烈地刺激唾液腺，进而产生唾液淀粉酶，嘴巴当然就感到非常酸，就会流口水啦！

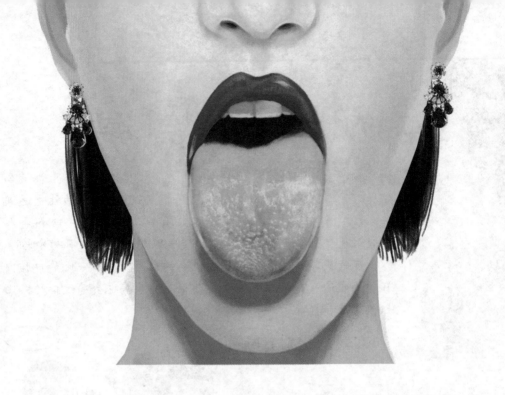

舌头表面为什么有很多小红疙瘩?

小朋友们在刷牙时有没有注意到,在我们的舌头表面,有着很多小红疙瘩?那么这些小红疙瘩是什么,又起到什么作用呢?

这些小红疙瘩叫作味蕾,是人感受味道的器官。我们在吃东西时,通过牙齿的咀嚼以及舌头、唾液的搅拌,味蕾会受到不同味道物质的刺激,之后就会将信息由味神经传送到大脑味觉中枢,便产生了味觉,品尝出饭菜的滋味。可以说,我们在吃东西时能品尝出酸、甜、苦、咸等味道,就是这些小红疙瘩的功劳呢!

为什么人会患口腔溃疡呢？

小朋友们都得过口腔溃疡吧？几乎每个人在一生中都有过溃疡的经历，如同感冒一样常见。得了口腔溃疡会十分痛苦，不仅疼痛难忍，而且还影响进食，那么究竟是什么原因导致人会患口腔溃疡呢？

医学家告诉我们，让我们痛苦的口腔溃疡其实就是口腔黏膜"破了个洞"，溃烂的黏膜会刺激周围的末梢神经，让人们感到疼痛难耐。大多数时候，我们会得口腔溃疡的原因不外乎三个：一是缺乏维生素，使得口腔黏膜小范围坏死，进而产生溃疡；二是精神焦虑，由此导致了我们身体免疫系统的紊乱；三是细菌感染，从而引发了口腔溃疡。

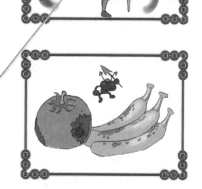

智慧大本营 ↑

其实，只要我们平时多吃新鲜蔬菜和水果，保持口腔清洁，心情愉悦，就能有效防止口腔溃疡的发生。如果得了口腔溃疡，小朋友们最好不要随意用药，而是应该尽快请医生医治，这样很快就会痊愈的！

糖吃多了为什么会生蛀牙呢？

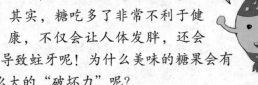

有的小朋友很喜欢吃糖，其实，糖吃多了非常不利于健康，不仅会让人体发胖，还会导致蛀牙呢！为什么美味的糖果会有这么大的"破坏力"呢？

我是甜糖

甜糖很吸引牙齿

在我们牙齿的表面，经常附着一层垢膜，如果我们用显微镜观察，会发现垢膜里面有无数的细菌，这些细菌就是导致蛀牙的"罪魁祸首"啦！它们吸取食物中的养分，排出酸性物质，不停地溶解牙齿表面的珐琅质，久而久之，就会侵入牙体产生蛀牙。

你真甜！

牙齿和它长久亲密接触

而糖正是蛀牙形成的"加速剂"，因为糖和唾液反应后也会产生酸性物质，不仅阻碍了唾液对酸性物质的中和，还加速了对牙齿表面的溶解。所以，如果小朋友们想保持牙齿健康，一定要少吃糖，勤刷牙，这样会大大降低生蛀牙的概率！

呜……蛀牙了！

牙齿受损了

为什么牙龈会出血呢？

早上刷牙时，可能会出现牙龈出血的情况。有的小朋友非常害怕，每天清洁牙齿为什么牙龈还会出血？这究竟是什么原因造成的呢？

小朋友们不必紧张，牙龈出血是口腔疾病的常见症状，也是身体给我们"敲警钟"呢！牙龈出血大多是由牙菌斑和牙结石破坏牙龈表皮造成的，另外，刷牙方法不正确，也容易引起牙龈表皮出血。

所以，小朋友们偶尔出现牙龈出血的症状不必担心，这基本上是可以自愈的，也是提醒你应该注意口腔卫

生啦！只要坚持以正确的方式刷牙，经常检查口腔，就能让牙龈变得健康起来！但是，如果牙龈长期出血，必须尽快找医生医治，因为那可能是一些全身性疾病的先兆哦。

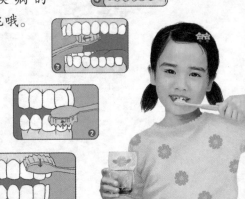

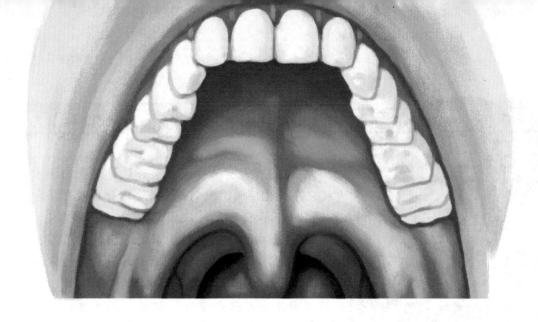

我们为什么有不同形状的牙齿?

牙齿是我们生活中的好帮手，小朋友们有没有仔细观察过自己的牙齿呢？你会发现，自己的牙齿会有许多不同的形状，为什么会这样呢？

科学家告诉我们，这都是由牙齿不同的作用所决定的。如果我们用磨牙去切断食物，或者用门牙来咀嚼，是不是会感到非常费力呢？这就找到我们牙齿形状不同的原因了！长在我们口腔正前方的是门牙，扁扁宽宽的它如同菜刀一样，负责将食物切断。犬牙长在我们嘴角附近，它长得尖尖的，负责撕碎肉食。在我们口腔后部，长着圆圆的磨牙，它就像磨盘一样，将门牙和犬牙咬下来的食物磨碎。

这三种牙齿形状各不相同，各有分工并且互相配合，能更好地帮助我们进食。

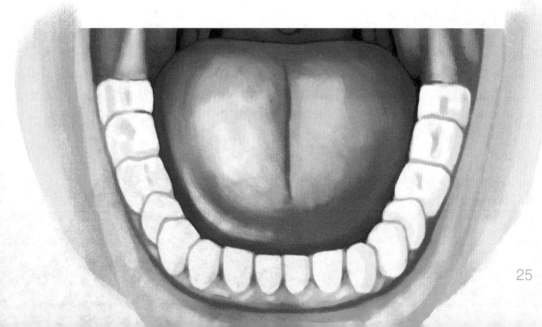

人为什么要换一次牙？

小朋友们有没有换牙呢？爸爸妈妈对我们换牙非常重视，在换牙期间，他们每天都会仔细地观察换牙的情况。为什么人总是要换一次牙呢？

通过长期的研究，科学家们终于找到了答案。原来，这是人类为了适应自然环境而自身进化的结果。人出生时长出的牙齿叫作乳牙，形态小，不适应逐渐发育的头颅骨骼。此外，乳牙对酸非常敏感，不耐磨，无法有效地咀嚼食物，这也对人今后的生活非常不利。

于是，经过数百万年的进化，我们的身体形成了换牙这一适应自然环境的过程。当我们6岁左右时，乳牙开始脱落，新牙开始长出，一般到了12岁左右，全口牙齿就更换完毕了。新长出的牙齿被称为恒牙，从此就再也不会更换啦。

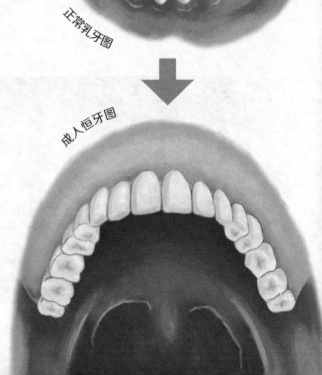

正常乳牙图

成人恒牙图

智慧大本营

牙齿对于我们非常重要，而且在换牙之后牙齿掉了就不会再长出来。很多老年人都会掉牙，这并不是一种规律哦！有的老年人到90多岁还有一口好牙。之所以会掉牙和我们平时的口腔卫生有关，所以我们要注意保护好牙齿健康。

换牙时为什么不能舔牙床?

小朋友们换牙时是不是感觉麻麻的呢? 麻麻的感觉使得自己忍不住地用舌头去舔牙床, 但总是被爸爸妈妈批评, 因为换牙时舔牙床对牙齿非常有害, 你知道这是为什么吗?

当我们换牙时, 乳牙虽然还没有完全脱落, 但是恒牙已经渐渐从牙床根部冒出。这时就会刺激牙床中的神经, 产生麻、疼等不适感。如果我们经常用舌头舔牙床的话, 会影响新牙的生长轨道, 可能使它偏离原来位置, 这样长出来的牙齿就不整齐了。

如果牙齿不整齐, 会给我们的生活带来许多不便, 不仅影响美观, 还会因为咬力不均匀导致各种牙科疾病。所以, 小朋友们一定要牢记, 换牙期间千万不要舔牙床呀! 只要耐心地等待, 牙齿自然会长出来的。

在打哈欠时为什么会流眼泪呢?

当我们感到疲惫时, 总是会打个哈欠, 这样就会感到浑身轻松许多。但是小朋友们可能会发现, 每当我们打哈欠的时候, 眼睛里总是水汪汪的, 这究竟是为什么呢?

科学家告诉我们, 人的眼睛每时每刻都在分泌泪液, 只是平时分泌的眼泪很少, 所以我们不会感到泪水的流动。当人打哈欠时, 嘴巴总是张得很大, 面部和喉部肌肉剧烈收缩呼出二氧化碳。这样就会带动眼睛周围的肌肉一起运动, 对眼球产生挤压。这个时候, 存在眼睛里的眼泪自然就被挤出来啦。

其实, 不仅是打哈欠会流泪, 当我们在大笑、咳嗽和呕吐的时候, 都会引起面部肌肉的收缩, 也会流眼泪呢!

打哈欠会传染是什么原因？

当我们在教室里刻苦学习时，总会有一两个小朋友因为疲倦而打几个哈欠。但令人奇怪的是，打哈欠好像会"传染"一样，教室里的其他小朋友也会此起彼伏地打起哈欠。小朋友们心中会有一个大大的问号，打哈欠也会传染吗？

对于这个问题，科学家们现在还没有找到答案，现在最被大众所认可的就是心理理论。根据这项理论，打哈欠之所以会"传染"，是因为房间里的人看到其他人打哈欠时，总是潜意识地感到疲惫，大脑自动调节肌体呼出二氧化碳，这样就会打哈欠了。

这就好像是我们在饭前的时候，看见别人在吃饭，就会感觉肚子饿一样。所以说，打哈欠会传染实际上是一种心理作用哦！

智慧大本营 ♠

打哈欠可是我们的本能哦，小朋友们知道吗？从出生之前，我们就已经会打哈欠了。据科学家们研究发现，仅仅有11周大的胎儿就会打哈欠了。

喷嚏是怎么产生的?

当我们觉得鼻子痒痒的，或者被鼻涕塞住时，总是不由自主地"阿嚏"一声打出喷嚏，这样一来鼻子就好受多了。大家可能会问了，为什么人会打喷嚏呢？

其实，喷嚏是人体对外界刺激的一种条件反射，也是我们身体对自身的一种保护方法。很多情况都会导致我们打喷嚏，比如感冒时，肌体会自动通过喷嚏来清洁鼻部；闻到花粉等物产生过敏时，肌体会自动地打喷嚏将过敏物排除。在打喷嚏前大家通常都会感到鼻子发痒，这其实就是鼻子对大脑发出"应该打喷嚏"的信号哦！

所以大家应该明白了，一次偶尔的喷嚏并不用忧虑。当我们感冒痊愈，或者远离刺激物后，喷嚏也会很快消失啦！但是，如果长时间打喷嚏，或者出现了咽痛、鼻塞，那就可能是鼻炎引起的了，要赶快去看医生了。

❶ 声门开放，空气涌入肺

声门开放，同时 **❸** 空气由鼻涌出带走刺激物

声门关闭，使空气留在肺内 **❷**

喷嚏形成示意图

打喷嚏时为什么眼睛睁不开?

在打喷嚏时，小朋友们都会头往前倾，用力"阿嚏"一声将喷嚏打出。但是小朋友们注意过吗，每个人在打喷嚏时都是闭着眼睛的呢！

因为我们在打喷嚏时需要很大的力量逐出气体，呼吸系统会产生很大的压力，颈部、面部、额部的肌肉都要剧烈收缩，才能将喷嚏打出去。这个时候，支配闭眼的眼轮匝肌也会收缩，这样就会不由自主地闭上眼睛啦！

此外，在打喷嚏的时候。闭上眼睛也是我们对自己的一种本能保护，因为人的喷嚏力量很大，如果不闭上眼睛的话，这种冲击力会对我们的眼球造成一定的损害。所以，每当我们想打喷嚏时，就会不由自主地闭上眼啦！

阿嚏

阿嚏!

感冒了吗?

打喷嚏和感冒有必然联系吗?

如果我们一直打喷嚏的话，首先会认为自己感冒了。感冒别提有多难受了，嗓子疼，喷嚏不断。有的时候，我们为了治好感冒还要吃很多很苦的药。可是奇怪了，有时我们吃了好几天药，可是喷嚏还是接连不断，这是怎么一回事呢？

其实，打喷嚏是一种反射动作。当我们的鼻黏膜受到刺激的时候就会打喷嚏，仔细想一想，是不是闻到胡椒粉我们就会打喷嚏呢？这都是因为我们的鼻黏膜受到了刺激。所以，打喷嚏可不一定是感冒，有的时候我们也会因为过敏打喷嚏呢。小朋友们一定要记住啊，虽然感冒可能打喷嚏，但是打喷嚏不一定是感冒，不能在打喷嚏之后就乱吃药啊!

胡椒面

辣椒面

醋

智慧大本营

过敏打喷嚏非常常见，不过根据人体质的不同，过敏原也有区别。比如，有的人对花粉过敏，有的人对动物的毛过敏，等等。另外，有时天气冷我们的鼻子受到刺激，也会打喷嚏哦!

30

小朋友们知道吗？我们吐出的口水（也叫作唾液）可是非常神奇的呢！为什么这么说呢，下面就让我们一起了解吧。

在我们的唾液中，含有很多保持健康所必需的淀粉酶、溶菌酶、黏蛋白、球蛋白、乳酸胆铁、磷酸钙、氨基酸等成分。而且，它还发挥着巨大的清洁作用呢！它可以将残留在我们口中的食物残渣冲洗掉，以此保证我们的口腔清洁。

不仅如此，唾液还具有神奇的止血功能，虽然听起来难以置信，但我们的唾液当中含有促进血液凝固的成分，血液凝固之后，自然就不会继续流动啦！尤其是我们嘴巴里流血的时候，唾液会自动发挥它的特殊效用呢！

唾液真的可以止血吗？

我们为什么会咳嗽？

咳嗽是一种常见的症状，不过咳嗽真难受，吃药也总是不见好。你有没有想过为什么呢？

我们一起来回忆一下，什么时候容易咳嗽呢？没错，在感冒和空气中布满灰尘的时候最常见了！其实，在感冒和空气中飘满灰尘的时候，咳嗽是我们身体的一种自我保护。当我们感冒时，气管会因为发炎而产生大量的分泌物，这样就会刺激我们的肌体，通过激烈的咳嗽，可以将分泌物排出体外。

人为什么会打起嗝来呢?

我们为什么会打嗝呢? 了解身体构造的小朋友都知道, 在我们身体的胸腔和腹腔之间有一层横膈, 这个部分叫作膈肌, 由肌肉组成。它不但起到分隔胸腔与腹腔的作用, 还具有辅助呼吸的功能。当这块膈肌产生不正常的强烈收缩时, 就会造成空气突然被吸进气管, 因为同时伴有声带的关闭, 所以会发出一种"呃"声, 也就是打嗝了。

那么, 膈肌为什么会发生不正常的强烈收缩呢? 这要从两根神经说起。支配横膈本身的是膈神经; 支配胸腹部大部分内脏器官的是迷走神经。如果有什么不良刺激, 例如吃东西太快、突然吃冰凉的东西、迎风大口吸入凉风、吃东西太多等, 都有可能刺激膈神经或迷走神经, 这些神经经过一系列复杂的神经反射之后, 就会引起膈肌不正常的强烈收缩, 就会打嗝了。

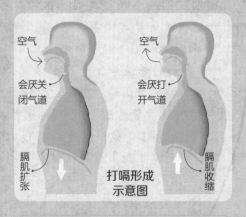

空气
会厌关
闭气道
膈肌
扩张

空气
会厌打
开气道
膈肌
收缩

打嗝形成
示意图

智慧大本营 🌲

正常人发生打嗝大多是轻而短暂的, 只要轻轻按摩上腹部, 喝上一口温热茶水, 用手捂一会儿鼻子和嘴, 打嗝就会比较容易停止。如果持久打嗝的话, 恐怕就是疾病引起的了, 例如脑部疾病、腹腔内有感染等, 这个时候一定要及时看医生。

吃东西太多就会
引起打嗝。

人的嘴唇为什么是红色的?

小朋友们有没有想过这样一个问题——为什么我们的嘴唇是红色的呢?仔细想想看,我们的皮肤是黄色的,为什么单单嘴唇是红色的呢?

其实,这是由于血液的关系。我们嘴唇的皮肤非常薄,接近透明。所以使得表皮下的血色非常明显地透了出来。实际上,我们身上各处都遍布着血管,只不过大部分都有脂肪层,而嘴唇部分没有,所以血液的颜色就显现了出来。也就是说,我们的嘴唇是脸部最为敏感、最为软弱的地方呢!

人很冷时嘴唇为什么会发紫?

冬天来了,气温变得非常低,小朋友们走在大街上会感觉非常冷,这时嘴唇也会冻得发紫。为什么红红的嘴唇会发紫呢?

这是因为当天气变冷后,受到冷空气的刺激,我们身体的血管就会收缩,这时血流的速度就会减慢,此时,嘴唇的周围就会堆积大量的脱氧血红蛋白,这就使嘴唇中的血液变成了紫蓝色。因为嘴唇的颜色主要是血液的颜色,所以我们的嘴唇看起来也发紫了。

人害羞的时候
为什么会脸红？

当别人说到我们不好意思的事情时，我们就会感到非常害羞，此时我们的脸蛋就会变得红彤彤的，这是为什么呢？

其实，脸红是受头脑指挥的。我们的视觉神经和听觉神经都集中在大脑之中。当我们害羞时，我们的大脑皮质就会收到害羞的信息并可以刺激我们的肾上腺，分泌出肾上腺素。当肾上腺素分泌时，可以使血管扩张，尤其是脸部的皮下小血管，此时，我们的脸庞就会变得红彤彤的了。

其实，不光是害羞，我们在高兴和愤怒时也会脸红的哦！

智慧大本营 ♠

很多害羞的人会显得局促不安，他们的眼睛会四处张望，以此来避免眼神的交流。有些人害羞时会坐立不安，肩膀僵硬地耸着，整个身体都显得非常不自然。实际上，害羞的人的感受是非常痛苦的，他们却无法进行解释和行动。

为什么有人喝酒会脸红，可有人却又不会呢？

小朋友们有没有观察过喝酒的人呢？每个人喝了酒都会有不同的反应。有的人喝完酒后脸会变得非常红，而有些人喝完酒后却不会脸红，这究竟是怎么回事呢？

脸红不红，主要是我们体内的物质在起作用。在我们的身体中有两种酶会对酒精产生作用，一种叫作乙醇脱氢酶，另一种叫作乙醛脱氢酶。乙醇脱氢酶能够迅速将乙醇转化为乙醛。那些喝一点酒脸就非常红的人是因为他们身体内含有大量的乙醇脱氢酶，而缺少乙醛脱氢酶，他们的体内会迅速积累很多的乙醛而无法进行代谢活动，乙醛具有扩张毛细血管的功能，进而会长时间涨红脸。反过来说，如果两种酶都具备的话，脸就不会发红啦！

到了青春期就都会长青春痘吗？

很多人到了青春期就会长出很多的小痘痘，这就是我们说的青春痘。长了青春痘的话，原本光滑的脸蛋就会变得非常难看，这让很多人都非常苦恼。更让人无奈的是，这些小痘痘怎么治疗都无法根治，实在是让人难受。那么，人们到了青春期就都会长青春痘吗？

在我们的脸上有非常多的皮脂腺，当青春期的时候，这些皮脂的分泌量就会大大增加。而皮脂腺口正好位于毛囊的位置，所以，皮脂就会通过毛囊上的毛孔排出。如果分泌物过多，加上毛孔受到外来的各种刺激和内分泌素的影响产生角化，使得皮脂聚集在毛囊里无法排出，就形成了很多的小疙瘩，也就是我们所说的青春痘。

但是要知道，并不是每个人到了青春期都会长青春痘的哦！如果我们的皮脂腺分泌的物质相对较少，平时也注意护理的话，是不会长痘痘的。

毛发无法正常脱落

毛孔堵塞形成白色粉刺

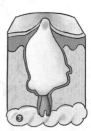
细菌滋生形成痘痘

大脑真的越用越聪明？

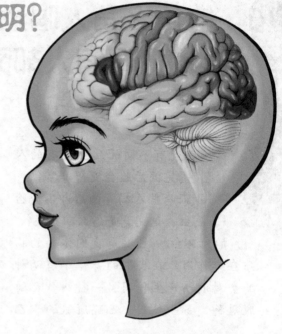

可能有的小朋友存在这样的疑问："妈妈说大脑会越用越聪明，这是真的吗？"

这可不是瞎说的，是真的有道理哦！我们的大脑有着非常大的潜能，根据科学家的研究，发现我们经常运用的脑神经细胞有10多亿个，别看这个数字很庞大，可还不足脑细胞总数的20%呢！也就是说，大脑中还有80%的潜能未被利用。

当我们经常用脑的时候，脑细胞就会长时间处于供血状态，这样能加速我们大脑的新陈代谢，而我们的脑细胞也会得到很好的保养。这样一来，我们的大脑就会得到更好的开发，进而使大脑更加发达了，所以人的大脑会越用越聪明。

智慧大本营 🌲

除了多用脑之外，还有一些食物是对我们大脑有利的。很多高蛋白食物都有这个特性哦！比如核桃一类的坚果、鱼，等等，都是健脑的好选择。

大脑为何能记住事情呢?

　　我们的大脑是非常神奇的，它可以让我们记忆很多的事情。据科学家们的推算，我们的大脑可储存的信息相当于藏书1000万册的图书馆的50倍! 是不是很厉害呢? 那么，大脑的这种强大记忆功能是怎么来的呢?

　　一些科学家认为，大脑的这种功能和一种化学物质有关。为此，他们还进行了一些实验。然而，他们虽然发现了这种奇怪的化学物质，但是仍然无法破解我们的大脑记忆之谜。看来想要破解这一难题还要等小朋友们去努力啦!

人喝醉酒之后为什么就站不稳了?

　　小朋友们见过喝醉的人吗? 他们的身体总是晃来晃去站不稳，这是为什么呢?

　　当酒精进入我们身体中之后，会分解出一种使神经系统混乱的物质，而这种物质导致判断力的下降，反射神经被暂时麻痹，使喝醉酒的人无法保持身体平衡，无法正常活动。正是这个原因，喝醉酒的人当然就站不稳了。

　　不仅如此，当饮酒过多的时候，那些没有被分解掉的酒精会直接进入大脑，这是非常可怕的。因为这会严重干扰大脑的功能，甚至让人神志不清。所以，小朋友们千万不要喝酒啊!

智慧大本营 ↑

　　我国是世界上最早酿酒的国家，距今已有几千年历史了，发展到今天，我国的酿酒技术已经非常成熟了，可以生产多种酒。在几千年的发展历史中，我国逐渐形成了博大精深的酒文化。可以说，酒与文化的发展基本上是同步进行的。

为什么男性有喉结，女性没有？

在男孩子的脖子中间位置突出长了一块骨头，非常明显，这就是我们通常所说的喉结。可能很多小朋友注意到了，喉结大都是男性有，而女性没有，这是为什么呢？

其实，男性之所以会长喉结，是因为他们会分泌出雄性激素，受到雄性激素的刺激，男性都会发生喉结不同程度地向前突出的现象。而女性分泌的主要是雌性激素，雄性激素分泌得非常少，自然就长不出喉结了。

鼻腔

空气流动

软腭

空气流动

舌

气道

喉结

喉

人的声音为什么不同？

有时候，我们仅听声音就能认出一个人，因为每个人的声音都是不一样的。有的人声音非常清脆，唱起歌来非常好听。而有的人的嗓子却非常粗，唱歌总是会跑调，为什么我们每个人的声音是不一样的呢？

其实，发出声音是一个十分复杂的过程，我们在发声时需要通过发声器官来完成。这个发声器官由喉头、口、鼻、声带、咽喉、小舌等器官共同组成。当我们呼出气流时，我们的声带和喉部就会进行一次调节，然后我们再通过口腔的调节来发出声音。而我们的发声器官存在差异，因此每个人发声时都有各自不同的特点。

为什么男性长胡子，女性却不长呢？

男性和女性看上去有什么不同呢？很多小朋友一定会大声说道："男人长胡子，而女人没有。"的确是这样的，很多男性都会长出或浓密或稀疏的胡子。那么，为什么男性长胡子而女性却不长呢？

其实，这与我们人体内性激素代谢有密切的关系。一般情况下，男性到了青春期时就会长出胡子，这些胡子刚开始还是非常稀疏的，可是时间长了慢慢地就变得粗硬稠密了。这是因为在男性体内可以分泌出非常多的雄性激素，这种激素会使男性的毛发又黑又粗。而女性的体内主要分泌的是雌性激素，雄性激素数量很少，这使得女性不会长出浓密粗硬的胡子。

智慧大本营

小朋友们应该都发现了，男性和女性的差别有很多，尤其是在青春期过后，男性和女性的差别会越来越明显。其实，很多差异都和激素有关系哦！

雄性激素分泌与
胡子生长关系图

雄性激素

儿童期　　少年期　　成年期

小男孩为什么不会长胡子呢?

　　小朋友们一定会非常奇怪,为什么爸爸定期就要刮胡子,可是小男孩虽然是男性,但下巴却光光的。为什么小男孩不会长胡子呢?

　　不要着急哦,到了青春期之后,小男孩就会开始长胡子了!难道长胡子也有时机吗?没错。在青春期以前,小朋友们多是长个子、发育各个器官,相对地,雄性激素分泌量较少。而到了青春期之后,小男孩的雄性激素分泌量就会大大增多,这时就会长出胡子了。

撞到头时为什么会起包?

　　"哎哟,疼死我了!"当头撞到硬物时,我们总是会痛苦地叫喊出来,此时,摸摸被撞的地方发现鼓起了一个包,这是怎么回事呢?

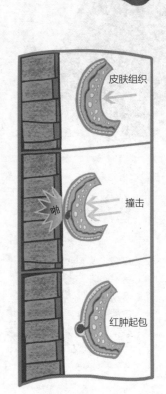

　　撞头后之所以会起包,是因为头部在撞击之后,部分组织、血管损伤,组织液、血液淤积在头皮和头骨之间,鼓起一个包。

　　当撞得不严重时,这个包就会相对较小,而当头被狠狠撞了一下时,就会鼓起一个大包。严重时就会流出血了。所以,小朋友们在平时一定要注意安全哦!

皮肤组织

撞击

啪

红肿起包

人体哪些器官可以移植？

心脏

肝脏

肺脏

肾脏

　　很多人想在死去后做一些好事，这时候他们就想到了器官捐献。难道我们身体的器官还可以移植吗？

　　的确是这样的，随着科学技术的发展，人体器官能够很好地移植到其他人的身体内，并在别人体内继续工作。那么，人体究竟有哪些器官可以移植呢？其实，移植有很多种，有些可以被称为器官移植，比如肝脏移植、肾脏移植等；而有些移植准确地说是组织移植，如角膜移植；此外，还有细胞移植，如治疗白血病时的骨髓移植。正是这些移植手段，让很多病人都得到了康复。看来，器官移植还真是厉害呢！

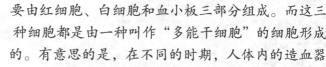

血液是怎样形成的？

　　在我们的身体中流淌着很多的红色血液，它为我们的身体带来了十分丰富的营养，同时，也运走了非常多的代谢废物。小朋友们，你们知道神奇的血液是怎样形成的吗？

　　科学家们研究发现，人体内的血液主要是由血浆和血细胞组成的，而血浆中的水分占90%左右，血细胞主要由红细胞、白细胞和血小板三部分组成。而这三种细胞都是由一种叫作"多能干细胞"的细胞形成的。有意思的是，在不同的时期，人体内的造血器官也不相同呢！比如在我们还没出生的时候，主要是由肝脏和脾脏造血；出生后，骨骼中的红骨髓取代了肝脏和脾脏的造血功能，成为人体最为重要的造血器官，为人体提供血液的各种成分。

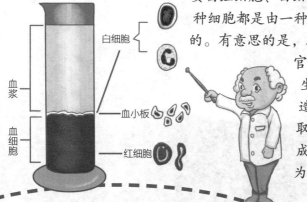

血浆

血细胞

白细胞

血小板

红细胞

为什么有些人会贫血呢？

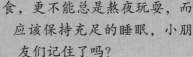

有的人嘴唇发白，甚至可能晕倒，有时，发生这种情况是因为贫血。为什么有的人会出现贫血的症状呢？

想要弄清楚这个问题，先要知道什么是贫血。贫血是一种疾病，是由于血液中的红细胞或者红细胞中的血红蛋白含量过少而导致的。知道了症状，该想想成因了，为什么会贫血呢？事实上，造成贫血的原因有很多，比如营养不良、外伤等原因造成的大出血、造血功能障碍等都可能让人贫血。

而出现贫血的人大多是女性、老人和儿童，相对强健的男性则很少患贫血。因此，小朋友们一定要注意合理饮食哦，绝对不可以偏食和暴饮暴食，更不能总是熬夜玩耍，而应该保持充足的睡眠，小朋友们记住了吗？

智慧大本营

贫血是一种常见病，分为缺铁性贫血、出血性贫血、巨幼红细胞性贫血、恶性贫血和再生障碍性贫血等。

输血时为什么要根据血型来输血呢?

小朋友们知道自己的血型吗?在输血时,医生不会随便给病人输血,只有血型相匹配的人才能进行输血。

在ABO血型系统中,由于O型血中不含有A、B型血的抗原,理论上在主配型相合时,O型血的人可以输血给其他几种血型的人,而AB型血的人,可以接受其他几种血型人的血。但这种情况一般仅出现在被输血者鉴定血型困难时,或抢救生命的紧要关头同型血缺乏时,用来解燃眉之急,并且输血量不可过多。如果输血人与被输血人的血型不匹配,会造成被输血人红细胞凝集,这不但无法及时有效地帮助被输血人,甚至还会害了他呢!

也正因为如此,医生总是会在输血之前对输血人与被输血人的血型进行比对,只有在确保万无一失的情况之下,才进行输血。

在献血前为什么不能吃大鱼大肉?

小朋友们可能没有献过血,有观察过爸爸妈妈吗?他们在献血前,一定不会吃大鱼大肉。这是为什么呢?

原来,鱼、肉以及蛋类等食物中含有油脂,如果在献血前大量吃这些东西,就会使血液中的脂肪含量增大,产生乳糜血,这样的血液是不合格的。所以,在献血前,一定要注意避免吃大鱼大肉哦!

献血对人的身体有害吗?

可能小朋友有这样的疑问：当我把自己的血液献给别人时，我的身体不就会因缺少血液而出现问题吗？

其实，合理献血对人体是没有危害的。为什么这么说呢？告诉你吧，在我们的身体中，全部血量大约有4000毫升，而一般献血的量是200~400毫升，献血量仅占人体全部血量的5%~10%。而当人体失血量少于身体含血量的10%时是很难引起病症的。

而且，献血不仅没有害，反而还会有好处呢！在我们身体内的血液，并不是都在进行着血液循环的，其中有20%左右的血液不参与血液循环。献血后，这些血液就会及时去补充人体失去的血液，从而恢复参与循环的血液总量。这样就促进了血液循环，对人体可是非常有益呢！

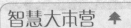

智慧大本营

献血有好处，但也不是随便献的哦！献血是有标准的，献血者在献血之前必须经过严格的身体检查，必须符合献血标准才能献血哦。因为这样不仅能够保证献血者的健康，对受血者的安全也是一种保障呢。

弯腰的时候为什么食物不会流出来?

有的小朋友在吃完东西后不敢立刻弯腰，因为他们怕食物会掉落出来。

其实，这种担心是完全没有必要的！通常情况下，我们胃的上开口，也就是叫作贲门的位置是闭合的，当我们弯腰的时候，它会阻挡着食物，使食物不会流出来。所以，小朋友大可不必为这个问题担心哟！

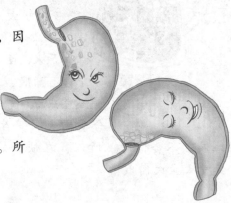

吃饭细嚼慢咽有什么益处?

小朋友们，你们在吃东西时是喜欢狼吞虎咽，还是喜欢细嚼慢咽呢？如果你喜欢狼吞虎咽，那我不得不告诉你这是一个坏习惯。

我们吃东西是为了获取营养，维持我们的生命。如果我们不能将食物充分地嚼碎，而是飞快地吞咽下去，就会使胃不能有效地进行消化，增加胃的负担。

当没有咀嚼充分的食物进入胃中，胃就会分泌出大量的胃液来消化这块食物。胃液是强酸性的，分泌过量时，会对胃黏膜产生伤害，久而久之就容易出现胃病了。而且，胃消化不了的东西一样会进入肠道里，肠道也不能充分吸收它的养分，只得排出体外，这就使我们的身体不能有效吸收食物中的营养了。因此，小朋友们在吃东西时一定要细嚼慢咽哦。

真好吃！

真饿啊！

……

蹲着的时候突然站起来为什么会头晕眼花？

小朋友们有没有发现，蹲在地上时间久了，一站起来就会感觉头晕眼花，这是什么原因呢？是因为我们贫血了吗？

不要担心，这是正常现象哦。之所以出现这种现象，是因为大脑供血不足使神经细胞的活动受到了影响。在我们蹲着的时候，腿上的血液就会大大减少，这时头部的血液会增多。当站起来时，大部分血液就会一股脑儿地流向双腿，而大脑就会因为血液的流失而出现暂时性的脑部供血不足，让我们感到头晕。

不过，我们的神经系统会快速地进行调节，腿部的血管收缩，血液会很快地流向头部，缓解头部供血不足的状况。所以，站起来一会儿头晕的现象就没有了。

很多小朋友都怕被别人呵痒，被别人呵痒时会感到无法控制而哈哈大笑，甚至笑得上气不接下气。可是，当自己给自己呵痒时却不会笑，这是为什么呢？

这与人的心理是有关系的。我们身体上有很多非常敏感的神经，当遇到外界接触时，身体内的神经系统会发出危险警报，并将信息传递给大脑。不过呵痒没有危险，所以此时神经系统就不会发出危险警报，这个时候我们的整个心理是非常放松的，并本能地反映这种心理状态，我们就会笑了。

但是，当我们自己在对自己进行呵痒时，我们的身体会有预警，会提前"戒备"，身体不放松，也不会产生这种心理活动，自然就不会笑啦！

自己呵痒为什么不会笑？

为什么有些人
会长胎记呢?

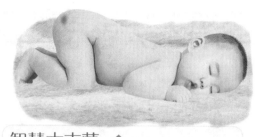

小朋友们有没有发现呢?身体的某处会有一些特别的痕迹,也就是从出生时就有的胎记。为什么会长胎记呢?

之所以会出现胎记,是因为当我们还是胚胎的时候,胚胎里含有的黑色素细胞从神经嵴转移到表皮,停留在真皮深部,从而产生胎记。

智慧大本营 ⬆

并不是所有的人都长胎记的。一般情况下,新出生的婴儿有大约10%的会有胎记,大部分的胎记只是对美观造成一定的影响,并没有什么危害。但是,一些胎记会引起身体器官的异常,甚至有恶性变化的可能,这种情况下一定要尽快积极治疗。

人到了什么时候
就不长个子了?

小朋友们一直在长个子,但是成人有的高、有的矮。矮个子天天盼着自己的身体能够再长高一点,那么,人到了什么时候就不长个子了呢?

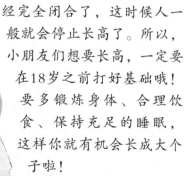

人能不能再长高取决于骨骺线是否闭合。在正常情况下,人到了18岁左右的时候骨骺线就已经完全闭合了,这时候人一般就会停止长高了。所以,小朋友们想要长高,一定要在18岁之前打好基础哦!要多锻炼身体、合理饮食、保持充足的睡眠,这样你就有机会长成大个子啦!

为什么人老了会变矮?

为什么人老了会比自己年轻时候矮呢?这究竟是怎么回事?

老人随着年龄的增长,身体中的各个组织器官都会出现不同程度的退化。这其中脊柱的退化是非常明显的。脊柱由33个椎骨连接而成,这些椎骨之间大都由一些富有韧性和弹性的椎间盘分隔开来。随着年龄的增长,老人的椎间盘开始退化,变得比年轻时薄很多。这样一来,整个脊柱的长度就会因为椎间盘变薄而变短了。所以,人老了也就变矮了。

青年期　中年期　老年期

不同年龄段的脊柱图

智慧大本营 ◆

老人们变矮,除了脊柱长度变短之外,还有一个原因就是驼背,驼背是由脊柱弯曲变形造成的。当然啦,有的人年轻时就有驼背的毛病,这是非常不利于脊柱发育的,所以小朋友们要注意坐姿,不要驼背啊!

憋尿对身体有害处吗?

天亮了，可是很多小朋友还在赖床，他们甚至宁愿憋着尿也不愿意起床。其实，这可是不好的习惯哦。

我们都知道，膀胱是我们体内储存尿液的器官，并且负责排尿。它就像是一个瓶子，储存量是有限的，一般只能储存相当于一个矿泉水瓶容量的尿液。当我们憋尿时，膀胱端部的肌肉就会收缩，这时膀胱就会鼓起来，有时会让我们感觉肚子疼。

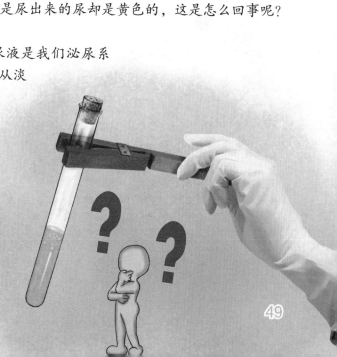

更严重的是，憋尿使体内的很多尿液无法排出来，就会使一些有害物质在体内堆积，进而引发各种疾病，比如膀胱炎等。因此，小朋友们千万不要憋尿哦，想去厕所就要赶紧去!

尿液为什么是黄色的?

我们平时喝的水是无色的，可是尿出来的尿却是黄色的，这是怎么回事呢?难道我们生病了吗?

不用担心，这是很正常的。尿液是我们泌尿系统排出的代谢物，正常尿液的颜色从淡黄色至深琥珀色不等。尿液之所以是黄色的，是因为尿液中存在着一种叫尿黄素的物质，正是它让我们的尿液呈现出了黄色，因尿黄素的含量不同，尿液的颜色也会有深浅的差别。

49

我们为什么会放屁呢?

小朋友们放屁的时候一定会觉得非常尴尬,其实,放屁是人体的正常生理现象,完全不用不好意思。我们为什么会放屁呢?

经过科学家研究发现,在我们的身体里有很多的气体,大部分气体聚集在大肠里,还有一部分在胃里,而小肠因为吸收力良好,只有少量的气体存在。大肠里的气体多是二氧化碳和氮气,此外还包含有少量的氧气、氢气和甲烷,除了这些气体,大肠里还存在着一些细菌,它们会产生非常难闻的臭味,经过与气体混合后,就会产生臭气,当气体增多的时候,这些气体就会从肛门里排出来,也就形成了我们平时所说的"屁"了。

好臭!

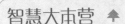

智慧大本营

有的小朋友怕放屁尴尬,有屁不放。实际上,这是非常不好的习惯,因为屁当中含有有害物质,如果憋着的话,这些物质就会被我们的肠道吸收掉,所以如果想放屁一定要及时放啊!

人为什么会有不同的肤色?

世界上有黄种人、黑种人和白种人，不同肤色的人表现出了不同的特点。那么，人为什么会有不同的肤色呢?

经过科学家们的研究发现，我们皮肤的颜色是由一种叫作黑色素的化学物质决定的。当皮肤中的黑色素非常多时，人的皮肤就会非常黑。当皮肤中的黑色素比较少时，皮肤就会显得黄。

而那些长得非常白的人，是因为他们的身体内没有黑色素或者黑色素很少。

另外，健康状况不同的人，肤色也会有所差异。

胃为什么不会把自己消化掉?

我们的胃是非常厉害的，它可以很好地消化我们吃进胃里的食物。那么，小朋友们可能会有这样一个疑问:胃为什么不会把自己消化掉呢?

其实，胃壁分为四层，最内层的黏膜外覆盖着一层黏液，这层黏液可以很好地抵御胃酸溶液的腐蚀。不仅如此，胃黏膜的上皮细胞呈柱状排列且排列得非常紧密，没有一丝缝隙，这就使胃酸溶液无法侵入。因此，胃在消化食物时就可以很好地保护自己啦!也就是说，胃只能消化掉内部的食物，对于它外部的器官组织是没有办法腐蚀的哦!所以我们无须有这样的担忧哦!

胃壁有一层特殊的黏膜可以保护自己。

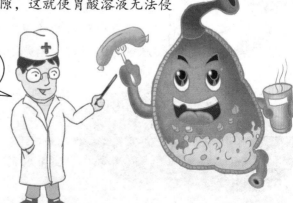

受凉后为什么容易腹泻?

当我们着凉后,肚子就会非常痛,接着就会腹泻。所以,爸爸妈妈总是时刻提醒我们不要着凉了。

那么,为什么受凉后会容易腹泻呢?这是因为我们的胃肠在受凉后会进行剧烈收缩,在这个过程中我们的肚子非常痛,而胃肠内部也会一阵翻腾,这时候我们就非常想上厕所了。其实,受凉后腹泻只是胃肠道因温度差异而表现出不同的应激反应而已。

智慧大本营 ↑

除了受凉之外,我们还会因为其他原因出现腹泻的情况。当我们吃了不卫生或是变质的食物,就会有腹泻的情况产生。为了让我们身体健康,小朋友们还要注意饮食卫生哦!

为什么有的人会晕血呢?

"啊!血!"一些小朋友看到鲜红的血液就会脸色发白,甚至还会晕倒,这就是我们平时所说的晕血。那么,为什么有的人会晕血呢?

晕血症又叫"血液恐怖症",晕血症的患者看到血液后就会出现晕厥的现象,他们会头晕、恶心、脸色苍白,严重的需要接受治疗。其实,这种疾病并不是身体上的疾病,而是一种心理上的疾病,属于恐惧症中的一种。科学家们将这种病称为特异恐惧。也就是说,一个人会没有道理地就对某一种事物产生恐惧,当面对害怕的事物时,他们就会感到非常的压抑和恐惧。

为什么我们撞到硬物后皮肤会发青?

"痛死我了，都青了!"当小朋友们撞到硬物后总是会皱着眉头大叫。但是，小朋友们有没有感到奇怪，为什么身体撞到硬物后皮肤会发青呢?

这是因为，在我们的皮肤下方有很多的血管，这些血管的管壁非常薄，当我们撞到硬物后，这些血管就会破裂流出血来。可是我们的皮肤却没有破，这时，血液就无法流出来，只能淤积在皮肤之下，呈现出青色了。

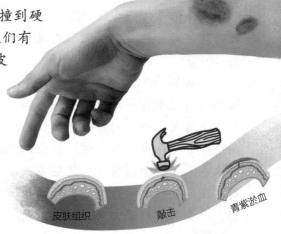

皮肤组织　　　　敲击　　　　青紫淤血

为什么打针要"打屁股"呢?

小朋友们大都非常害怕打针，护士阿姨总是会将针头扎进屁股中，真的是非常难熬。除了打预防针，我们得病的时候针都会打在屁股上。这是什么原因呢?

这是因为屁股的肌肉非常厚，而且肌肉组织十分疏松，在屁股上打针不容易扎到较深的血管和神经，还能很好地吸收药物。不仅如此，屁股上也没有非常多的骨头，这能有效地避免打针伤到骨头的事情发生。当然啦，想要避免打针，还是多锻炼，争取不生病吧!

智慧大本营

为什么要打针呢?这是因为有些药物通过口服是无法发挥其药效的，也正因为如此，才通过注射器将药物直接注射到人体，这样才能更好地发挥药效。

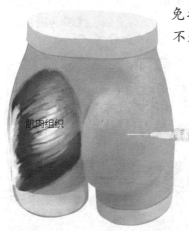

肌肉组织

有些伤口为什么会流脓？

当身体上的一些伤口没有得到及时有效的处理时，就会出现流脓的现象。这是怎么回事呢？

其实这是人体内的白细胞造成的。人体的血液中有一种白细胞，其具有很强的杀菌作用。当我们的身体出现伤口时，细菌就会从伤口侵入。这时候白细胞就会将这些入侵的细菌杀死。这些被杀死的细菌以及那些死掉的白细胞得不到及时的清理，就会从伤口流出来了，也就是我们看到的脓。

伤口处的血为什么会自动凝结？

当我们的身体受伤时就会流血，可为什么血液流了一会儿后就会自动凝结呢？

这是因为，在我们的身体里有特殊的凝血系统。当我们的皮肤划破时，血管里的凝血因子就会激活凝血系统，这个时候血小板就会吸附在胶原纤维上，形成凝集效应，伤口处的血液就会凝结了。而血小板是凝血最重要的部分，如果我们血液中血小板含量较低的话，血就不易凝结。

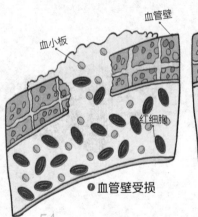

血管壁
血小板
红细胞

❶血管壁受损

❷血小板凝结

激活血小板
纤维蛋白

❸形成血栓保护壳

伤口快要好时为什么会很痒?

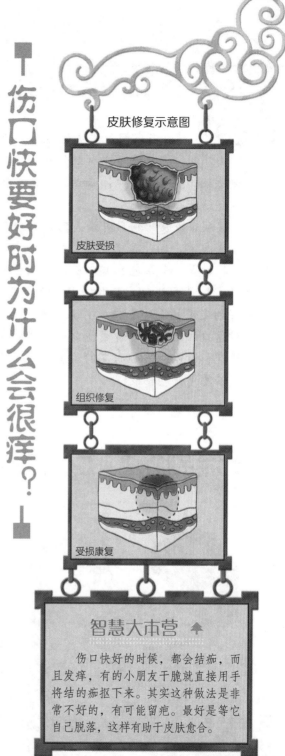

皮肤修复示意图

皮肤受损

组织修复

受损康复

身上的伤口快要好的时候会感觉非常痒，这是为什么呢?

其实，我们的皮肤分为很多层。当我们的身体出现伤口后，伤口处的表皮就会自行愈合，但是伤口深处的愈合是由新生的结缔组织补上去的。在愈合过程中新生的血管和神经会长进结缔组织，由于新生的神经非常敏感，在互相挤压中就产生了痒的感觉。

智慧大本营

伤口快好的时候，都会结痂，而且发痒，有的小朋友干脆就直接用手将结的痂抠下来。其实这种做法是非常不好的，有可能留疤。最好是等它自己脱落，这样有助于皮肤愈合。

表皮擦伤后为什么不需要包扎？

当我们身体受伤后总是会进行包扎处理，这样就可以有效保护我们的伤口不被感染了。可是，为什么我们皮肤的表皮擦伤后却不需要包扎呢？

其实，表皮擦伤后并没有对皮肤内部的结构造成损害，因此，根本不需要进行包扎。值得一提的是，如果包扎起来反而不利于表皮的恢复呢！这是因为包扎后伤口处的新细胞就无法得到充足的氧气支持，并且还阻碍了阳光对伤口的照射，会造成伤口处出现发炎的情况。所以，当小朋友们的皮肤擦伤后最好不要进行包扎哦！

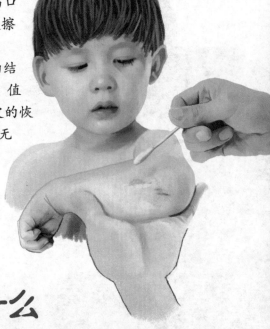

汗流到伤口上人为什么会感到格外疼？

当汗水流到伤口处时，伤口就会非常疼，这是为什么呢？

这是因为在汗水中含有很多的盐分，它会对伤口产生很大的刺激，进而使伤口感觉非常痛。不仅如此，当汗水流至伤口的时候，还会将很多细菌带到伤口中去，这样也会使伤口很疼，甚至还会使伤口发炎呢。

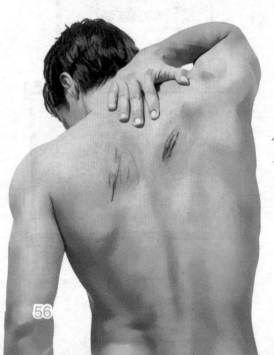

为什么天气冷时会起鸡皮疙瘩？

当我们感觉到冷的时候，我们皮肤上的毛孔就会快速地紧缩，形成一个个鸡皮疙瘩。这是为什么呢？

原来，这与我们的神经系统有关。通常情况下，只有恒温的动物才会起鸡皮疙瘩。当大脑感觉到了寒冷或者紧张时，交感神经就会产生作用，使立毛肌收缩进而牵动毛囊竖起汗毛，这就使皮肤上形成了很多的鸡皮疙瘩。

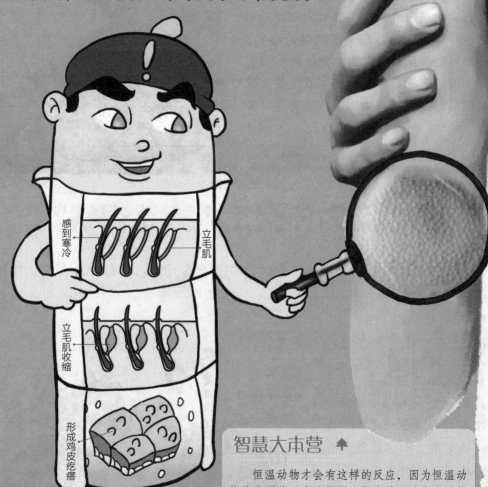

感到寒冷　　立毛肌

立毛肌收缩

形成鸡皮疙瘩

智慧大本营 🌲

恒温动物才会有这样的反应，因为恒温动物体内调节温度的机制比较完善，而变温动物（也就是冷血动物）则不具备，所以不会有这样的反应。鸟类和哺乳动物都是恒温动物哦。

肚子饿了为什么会叫？

　　"妈妈我好饿啊，我的肚子都在咕咕叫了。"小朋友们在饿了的时候总是会催促妈妈赶紧做饭。为什么一饿了肚子就会叫呢？

　　原来，胃在不停地做着消化运动，当胃里的食物消化完后，胃液仍然在进行着分泌活动。而胃中没有了食物，使得胃有了更大的空间进行收缩。胃在猛烈收缩时会将信息传递给大脑，形成了饥饿的感觉，这种猛烈的胃收缩运动为饥饿收缩。当胃进行收缩时，胃内存在的液体以及气体就会被搅动，在胃里来回翻动，这时胃就会发出"咕咕"的声音了。

小孩的心脏为什么比大人跳得快？

　　小朋友们没有大人身体强壮，但是心脏却比大人跳得快。这究竟是怎么回事呢？

　　因为小朋友们正处于生长发育时期，身体需要非常多的氧气和养料。因为养料很多，所以代谢也比大人快，也会有很多需要排出的废物。为了提高效率，心脏就要提高跳动的速度，这样才可以使血液流动得快一些，进而能够把更多的氧气和养料输送到身体各处，把没有用的废物快些运到身体外面去，以此来满足身体的需要。

跳得好快！！

心脏为什么会不停地跳动？

我们的心脏总是在怦、怦、怦地跳动着，从我们一出生就从没有停止过。那么，为什么心脏能够不停地跳动呢？

当心脏在跳动时，血液就可以在血管中来回地流动，从而能够为身体各处运来氧气和养料。同时还可以将身体内的废物运走。如果它不跳了，我们身体的血液就会停止流动，我们就会死去，所以心脏要不停地跳动。

不过不用担心，它也有休息的时候，在它跳完一次之后，会有间隔时间的休息，所以我们才会感觉它一跳一跳的，这就是它在工作和休息哦！而且休息的时间要比工作的时间长！

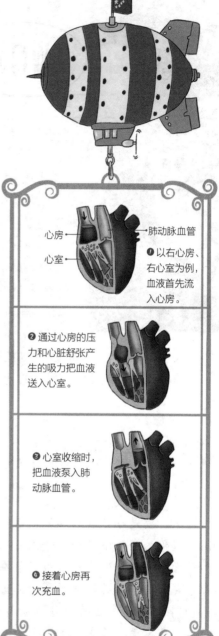

心房
心室
肺动脉血管

❶ 以右心房、右心室为例，血液首先流入心房。

❷ 通过心房的压力和心脏舒张产生的吸力把血液送入心室。

❸ 心室收缩时，把血液泵入肺动脉血管。

❹ 接着心房再次充血。

心脏工作示意图

智慧大本营

心脏在我们的胸腔内，位于膈肌的上方，在左右两肺的中间位置，有约三分之二在中线左侧。心脏非常像一个倒置着的桃子。

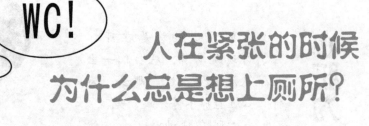

人在紧张的时候为什么总是想上厕所?

小朋友们发现了吗?在我们感到紧张时总想上厕所。紧张与上厕所看上去是两个完全没有关系的事情,它们是怎么联系到了一起呢?

其实,紧张时想上厕所,是因为我们身体的神经系统由于紧张而出现了不协调的情况。紧张时,我们的神经系统会变得异常活泼,进而造成了想上厕所的感觉。具体来说,我们身体内的交感神经和副交感神经在遇到紧张的情况时,会呈现出兴奋的状态,这个时候它们会催促着身体的各种机能进行工作,比如心跳加快、排泄器官加快运作等,所以我们就会有想上厕所的冲动了。

为什么在晃动的车厢内看书会反胃?

很多小朋友会晕车,尤其是车厢来回晃动时,还会感觉非常恶心,出现反胃的情况。要是在晃动的车厢内看书,情况就更糟糕了!之所以有这样的情况,是因为我们的身体不能保持平衡。在我们的耳朵里,有一个叫作半规管的部分。在半规管中有液体的存在,当我们在坐车时,身体会随着车厢的晃动而晃动,当我们晃动时,半规管里的液体也会跟着晃动,就会有恶心的感觉了。

不仅如此,我们的眼睛也是维持我们身体平衡的器官。当坐车,特别是坐车看书时,我们的视线会变得不稳定,不能得到平衡状态下的信息。此时,身体就不能很好地保持平衡,脑部就会产生混乱,更容易出现反胃的症状。

人感到冷时为什么会簌簌发抖？

天气变冷时，如果小朋友没有穿厚厚的衣服的话就会不自觉地簌簌发抖。这是怎么回事呢？

其实，发抖是人体内部环境控制系统的一项非常普通的功能。在我们的眼睛后面，长有一块可以控制我们体温的微小器官，这个器官叫"下丘脑"。发抖其实就是下丘脑在对人体温度进行调节的过程。当我们发抖时，身体就会因为抖动而释放出能量，以此来调节体温。

智慧大本营 ⬆

有时我们尿尿过后也会不由自主地发抖，这是因为我们在排尿的过程中，也将热量排出了一部分，使得温度变了，所以我们会发抖。

人为什么要呼吸？

清晨时，很多晨练的老人都会大口地呼吸着新鲜空气，人为什么要呼吸呢？其实这种看似简单的动作可是蕴含着大学问哦！

我们都知道，我们的身体一直都在进行着新陈代谢活动。在此过程中需要不断地吸取氧气和排出二氧化碳。这是因为我们身体所需的能量主要来源于糖类物质、脂肪物质以及蛋白质物质。当氧气供给量大时，糖类就可以更好地被分解并释放出大量的能量。而脂肪和蛋白质的氧化分解活动也离不开氧气。如果我们不能通过呼吸将二氧化碳排出并吸入氧气，就会出现酸中毒的情况。

也就是说，呼吸是我们新陈代谢不可或缺的重要活动哦！

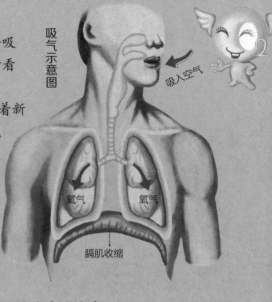

吸气示意图

吸入空气

氧气　氧气

膈肌收缩

为什么人的呼吸有节律？

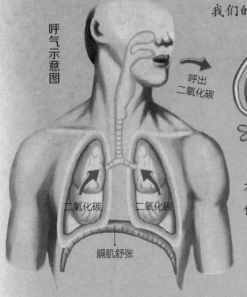

呼气示意图

呼出二氧化碳

二氧化碳　二氧化碳

膈肌舒张

我们的呼吸虽然十分缓慢，可是却非常有节律。这是由呼吸肌有规律地收缩和舒张造成的。

呼吸肌受呼吸中枢控制，而呼吸中枢又分为吸气中枢和呼气中枢，吸气中枢掌管吸气，呼气中枢掌管呼气。它们交替控制着呼吸运动。当呼吸肌进行有规律的运动时，就会牵引着肺部进行有规律的运动，这就使我们在呼气和吸气的时候可以有规律地交替进行。

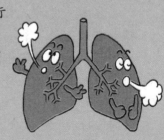

为什么呕吐过后，嘴里酸酸的？

当我们的胃不舒服时，有时候会呕吐，呕吐过后，我们的嘴巴总有酸酸的感觉。之所以嘴巴发酸，是因为我们在呕吐时，将胃里的胃酸也吐了出来。即使我们将呕吐物吐掉了，还有一部分胃酸残留在嘴中，这时经过我们味觉神经的感觉，就很快地觉察到酸味了。

智慧大本营

一般情况下，呕吐过程分为三个阶段，即恶心、干呕和呕吐。因为饮食不适而使胃感觉不舒服时，食物会从胃中返回到食管，然后经过嘴巴吐出。这种呕吐其实对身体是很有帮助的，通过呕吐可以将使身体不适的物质吐出来，具有一定的保护作用。

为什么说胆和肝是一对 "兄弟" 呢？

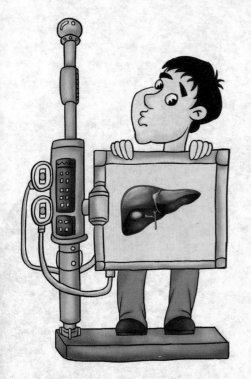

我们常将自己的朋友称为肝胆相照的好兄弟，为什么要用肝和胆来形容朋友间的关系好呢？

这是因为，肝和胆是一对 "兄弟" 呢！之所以这么说，是因为肝和胆两个器官互相影响、关系密切。胆汁之所以可以正常地发挥自己的作用，离不开肝的疏泄功能。反过来讲，当胆汁排泄不通畅时，肝也会受到极大的影响。

不只胆会影响到肝，肝也会影响到胆。比如，人们发脾气会对肝造成一定的危害，与此同时，胆也会受到一定的牵连。只有肝和胆都正常工作、互相合作、彼此协调了，我们的身体才会正常运转。所以说，肝和胆是一对真正的 "好兄弟" 呢！

手指上为什么会长出倒刺？

小朋友们的手上长过倒刺吗？倒刺长了让人很不舒服，无论是拔下来，还是放任不管，都会很疼。倒刺到底为什么会长出来呢？这是一种病吗？

其实手指长倒刺是很常见的现象。出现这一情况是因为双手缺少了水分，而且缺乏维生素B_6或维生素C。只要小朋友们平时注意让自己的双手保湿，并多吃一些豆类以及蔬菜等富含维生素B_6和维生素C的食物就可以避免长出倒刺了。

为什么大部分人都爱用右手？

只要仔细观察，小朋友们就会发现，大部分人都习惯使用右手来做事情，比如打乒乓球、拿东西、拿筷子吃饭……这是一个非常奇怪的现象，我们明明有两只手，为什么大多数人都爱用右手呢？

其实，这种习惯是在长期的劳动中渐渐养成的。在离我们时间非常远的石器时代，我们的祖先总是成群结队拿着武器去打猎，在与猎物搏斗的时候，人们总是会非常本能地用左手来保护自己的心脏部位，而右手则拿着武器与野兽搏斗。世代如此，渐渐地，人们的右手就比左手发达了，人们也就习惯使用右手了。

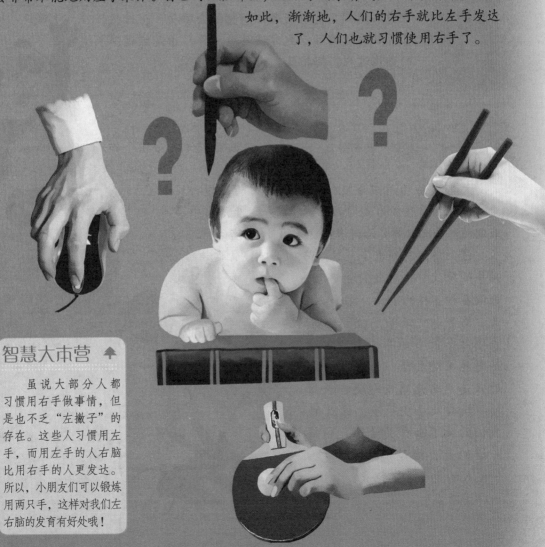

智慧大本营 ↑

虽说大部分人都习惯用右手做事情，但是也不乏"左撇子"的存在。这些人习惯用左手，而用左手的人右脑比用右手的人更发达。所以，小朋友们可以锻炼用两只手，这样对我们左右脑的发育有好处哦！

为什么大拇指只有两节，别的手指都是三节？

我们的大拇指只有两节，而其他的手指却有三节。这种奇怪的现象是怎么形成的呢？其实，这是人类进化的结果。

起初，人类经常使用工具与野兽进行搏斗，这使拇指变得非常粗壮。在人的手掌处还长出了一些非常发达的大鱼际肌肉，能够与其他四指配合运动，而拇指只有两节的结构可以更方便其做动作，于是经过漫长的进化过程，拇指就变为了两节。

我们的手为什么比脚更灵活？

大部分动物用四条腿行走，我们用两条腿行走，进化的前肢成为我们的胳膊和双手。生活当中我们的双手比双脚灵活得多，这是为什么呢？

仔细想想就知道了，这是我们平时经常使用手的缘故。平时我们会使用手来做各种各样的事情，比如拿东西、写字、吃饭等，由于我们的手要做如此多的事情，所以它锻炼得越来越灵活。而我们的脚平时只是用来走路或跑跳，所做的事情要比手少很多，这就使我们的脚不如手灵活了。值得一提的是，经过训练，一些人的脚可是能和手一样灵活呢！

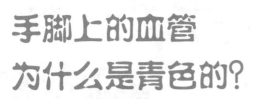

手脚上的血管
为什么是青色的?

　　我们的血液是红色的，可是在手脚上的血管却呈现出了青色。难道我们手脚上的血液是青色的吗？答案是，我们的血液有两种颜色。

　　我们在呼吸时，吸入氧气，呼出二氧化碳。负责运送氧气的血管叫作动脉，动脉血富含一种叫作"氧合血红蛋白"的物质，所以是鲜红色的。负责运出二氧化碳的血管叫作静脉，静脉血富含"脱氧血红蛋白"，是暗红色的。与动脉相比，静脉通常在皮肤下较浅的位置，透过皮肤时就会显出青色。

氧气

原来人类的血液有两种颜色啊!

智慧大本营 ◆

　　血管指的是血液流过的一系列管道。在人体内，除了角膜、毛发、指（趾）甲、牙齿以及上皮等地方外，其他所有的地方都有血管经过。血管根据其构造功能的不同，可以分为动脉、静脉和毛细血管三种。

为什么冬天手和脚易生冻疮?

冬天下雪后地面非常滑, 小朋友们走起路来总是小心翼翼的, 稍不小心就会摔个四脚朝天。更让人害怕的是, 冬天一到, 如果没有好好保护我们手脚的话就会生出冻疮。冻疮非常惹人讨厌, 得了冻疮的手脚奇痒难忍, 挠一下又非常疼。

为什么冬天手和脚这么容易生冻疮呢? 原因是天气寒冷时, 人们手脚处皮肤中的组织会被冻伤。在气温低的时候, 我们皮肤的血管就会收缩, 以此来保持体温。而我们的手脚离心脏位置较远, 血流相对比较缓慢, 如果长时间受到寒冷的刺激, 就很容易形成冻疮了。所以, 冬天来临的时候, 小朋友们一定要好好保护好自己的手脚哦!

 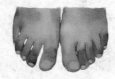

冬天手脚冻伤了为什么不能用火烤?

小朋友们的手脚如果冻伤了, 千万不要用火去烤哦! 那样不但不会缓解冻伤情况, 反而会出现更严重的问题呢!

如果小朋友们在冻伤后用火去烤就会使冻伤加重, 甚至发生溃烂。这是因为冻伤的地方血管已经收缩并发生了痉挛, 使血液不能很好地流通。当用火烤时, 就会使血管开始扩张, 但是深处的血管却仍然处于痉挛的状态, 此时血流不畅就会使皮下组织缺氧, 代谢物无法被排出, 这样反而会使冻疮加重。因此, 当手脚被冻伤时, 小朋友们千万不要用火去烤, 可以用雪慢慢将冻伤的地方搓热, 然后敷上治疗冻伤的药, 严重的要及时就医。

玩雪后手为什么觉得很热呢?

打雪仗、堆雪人是很多小朋友都喜欢做的事情，奔跑在雪地里心里说不出的高兴。很多小朋友开始都不敢去玩雪，因为雪实在是太凉了。但是，当你玩雪时间久了会发现手很热，这是为什么呢?

这是因为，我们的皮肤中有感知冷和热的两种不同的神经元。它们单独兴奋时，我们就会感知到冷和热，而当它们一同兴奋时，我们就会感到灼热。

真奇怪，手一点不冷!

当小朋友们玩雪的时候，负责感知冷的神经元先将冷的信号传递给大脑。大脑收到信号后向身体下达指令，随后血管中的血液赶去手部增温。当手部温度上升时，负责感知热的神经元也兴奋起来。这两种神经元同时工作，我们就感到手很热了。

智慧大市营 ◆

虽然玩雪时间久了，我们的双手会感觉非常温暖，但这并不是真的温暖。有经验的小朋友肯定知道，玩完雪回到屋子里，双手会发胀、发痒。所以小朋友们在玩雪的时候也要注意防冻哦!

蹲久了腿为什么会发麻?

我们蹲得时间久了就会感觉腿发麻,这是为什么呢?

这是因为我们的腿上有非常多的血管和神经。当我们蹲下时,身体就会压迫腿上的血管,此时,流到腿中的血液量就会减少。而腿上的神经得不到充足的血液营养支持就会导致感觉传导异常,从而使肢体失去知觉而发麻。所以,小朋友们平时一定要注意,千万不要蹲得太久哦!

为什么说脚是人的第二心脏?

心脏是人体最重要的器官之一,除了心脏外,脚的作用同样不可忽视。要知道脚可是有人的"第二心脏"之称呢!脚离心脏那么远,除了走路之外,还有什么其他的作用吗?

之所以说脚是非常重要的,是因为我们的脚部布满了穴位。这些穴位对人体有着重要的作用,如果脚部出现问题,就会给我们的身体其他部位带来麻烦。

不仅如此,我们都知道心脏可以将血液输送至身体各处,然后变成静脉血流回到心脏。这个过程是非常长的,如果流出的血液没有足够的压力是根本无法流回到心脏中的。脚是离心脏最远的部位,如果脚部不能将血液回流至心脏中,就会使身体的血液循环无法完成。为了完成这一"任务",脚部的肌肉发挥了非常大的作用,它让血液可以通过静脉顺畅地流回心脏。由此可见,脚部被称为人的"第二心脏"还真是很有道理呢!

人在走路时双臂为什么会摆动？

人们在走路时，双臂会不自觉地前后摆动着，一条向前一条向后，非常规律。

我们在走路时之所以会摆动双臂，是因为我们需要保持自己身体的平衡。当我们行走的时候，左右脚会交替向前移动，这时候身体的重心就会随着迈步而发生变化。此时，身体为了保持平衡，就需要通过其他的部位来进行调节。这时候手臂是最好的选择，所以身体才会支配双臂摆动，从而让身体保持平衡。

重心　　　重心

智慧大市营 ♠

走路对我们的身体健康非常有利。据医学专家研究表明，长期走路去上班的人，他们患心血管疾病、神经衰弱、血栓性疾病和慢性运动系统疾病的概率要远远低于那些经常乘车上班的人。

睡眠时间越长就越好吗？

人的一生三分之一的时间都在睡觉哦！

……

我们每天都需要睡觉，不光是晚上会躺在床上舒服地睡上一觉，就连白天有时候都想美美地睡个大觉。算下来，人的一生有三分之一的时间是在睡眠中度过的。科学家们经过研究发现，一般情况下，人如果5天不睡觉的话就会死去，由此可见睡眠是多么重要。

既然睡眠如此重要，那么是不是睡眠时间越长越好呢？这么想可就错啦！因为睡眠并不是以时间长短来论质量的，一般情况下，人每天的睡眠时间在8个小时左右。然而，有的人只休息几个小时就可以很快恢复精力，而有的人就算睡上十几个小时也还是呵欠连连，没有精神。这就证明，并不是睡眠时间越长，睡眠质量就越好。

事实上，那些入睡快、睡眠较深且很少起夜的睡眠才是质量好的睡眠。拥有这种睡眠的人才会在早晨拥有清醒的头脑，精神状态也好。

我们睡觉为什么喜欢用枕头?

睡觉的时候在头下放上一个枕头就会感觉很舒服,如果没有枕头的话,脖子就会感到很僵硬。这是什么原因呢?

其实,我们在睡觉时喜欢用枕头是生理需要。枕头可以使头和颈椎保持合适的角度,这样可以避免颈椎受压迫,从而使我们的呼吸和血液循环更顺畅,使我们的身体得到更好的休息。

除此之外,我们的颈椎不是简单地垂直叠加而成的,而是形成了一个非常圆滑的弧度。我们为了保持这个生理曲度,自然需要借助枕头的帮助啦!

智慧大本营 ↑

我们在用枕头睡觉时,枕头的高度一定要合适,要使头部与胸腔处于相对平衡的高度,利于头部的血液循环,这样才能够为我们的大脑提供足够的氧气,使得睡醒后大脑更清醒,精神更饱满。

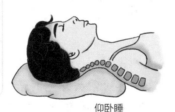

仰卧睡

侧卧睡

睡觉的时候眼睛也在休息吗?

每个人都是闭着眼睛睡觉的,这是否意味着在睡觉的时候,眼睛也在休息呢?

这是当然的了,在我们睡觉的时候,眼睛是紧闭着的,这使其可以得到很好的休息。在大脑进行休息时,与之相连的眼神经也会得到大脑的休息命令而进行休息。但是,我们的大脑也可能会因为做梦等问题而得不到很好的休息呢。

在打瞌睡时为什么有人会流口水？

有的小朋友在打瞌睡的时候嘴巴会流出很多的口水，让别的小朋友看到了会非常尴尬。为什么在打瞌睡的时候会流口水呢？

其实，口水就是我们嘴巴中的唾液，唾液可以保持我们嘴巴的湿润，不会口干舌燥。在清醒的时候，我们的口水也是在不断分泌的，只不过我们会非常有意识地将其咽进肚子里，使它不至于流出来。

但是，当我们打瞌睡的时候，全身的肌肉就会非常放松，大脑也在休息，就不会发出将口水吞回去的命令了。这时候，如果嘴巴没有紧闭的话，口水就会让人难为情地偷偷溜出嘴巴了。

蒙头睡觉很不好吗？

小朋友，你喜欢怎样睡觉呢？是将脑袋露在被子外面睡觉，还是喜欢整个人钻进被子中蒙着头睡觉呢？如果你喜欢蒙头睡觉的话，这可不是一个好习惯哦！

蒙着头睡觉，整个头都在被子这个狭小且空气不流通的环境中，鼻子和嘴巴根本不能很好地进行呼吸。时间一长的话，被子中就缺乏新鲜的空气了，这时候人就会感到胸闷、恶心，早晨起来后会感到头昏脑涨的，全身没有力气。所以，小朋友们在睡觉时还是将脑袋露在外面吧，这样才对身体有利哦！

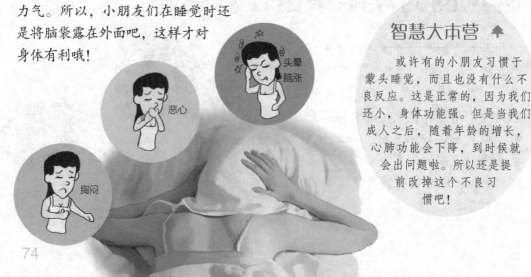

智慧大本营 ↑

或许有的小朋友习惯于蒙头睡觉，而且也没有什么不良反应。这是正常的，因为我们还小，身体功能强。但是当我们成人之后，随着年龄的增长，心肺功能会下降，到时候就会出问题啦。所以还是提前改掉这个不良习惯吧！

我们在睡觉时为什么会做梦呢？

　　我们在睡觉的时候都会做梦，梦里可能发生各种各样的事情。有我们白天的所见所闻，有我们从来都没有见过的景物，有让我们非常开心的梦境，也有让我们十分害怕的恐怖梦境。那么，为什么我们总是会做梦呢？

　　其实，做梦是人的一种非常正常的生理和心理现象。当我们在睡觉时，我们的脑中仍然有一部分脑细胞没有休息，它们始终保持着非常活跃的状态。这时候，它就会将我们白天见到的事情或者心中所想的事情反映到梦中，我们也就会在梦中看到各种各样的事物了。怎么样，听上去是不是非常有趣呢？

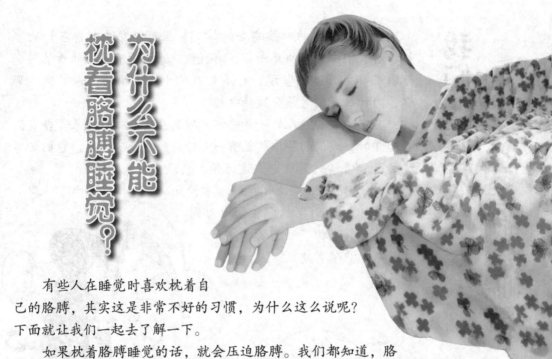

为什么不能枕着胳膊睡觉？

有些人在睡觉时喜欢枕着自己的胳膊，其实这是非常不好的习惯，为什么这么说呢？下面就让我们一起去了解一下。

如果枕着胳膊睡觉的话，就会压迫胳膊。我们都知道，胳膊中有很多的血管和神经，如果长时间地被压迫，就会使胳膊的血管无法进行通畅的血液循环，而神经也会出现麻木的状况。而且，睡觉的时候我们的大脑也在休息，这时候它就暂时不会为我们的身体发号施令了。这样一来，就算胳膊已经被压麻了，大脑也不会下命令把胳膊从头下面移开。这对胳膊以及身体是不好的。

所以，小朋友们千万不要枕着胳膊睡觉哦！

饭后为什么特别容易困？

不知道小朋友们有没有这样的感受：当你吃饭的时候精神非常好，可是吃完饭后却感觉非常困。为什么吃饱了反而容易犯困呢？

告诉你吧，当我们吃饭时，补充了身体所需的能量，那时候我们自然就精神百倍了。可是当我们吃完饭后，身体就需要对食物进行消化了。这时身体的血液就会流到胃部去帮助消化，我们脑部的供血就会出现不足，进而使我们感到非常疲劳，人也就非常容易困了！

有的人睡觉的时候爱打呼噜，呼噜声音非常大，吵得别人睡不着觉。打呼噜的人明明已经睡着了，为什么还能发出如此大的声响呢？

其实，打呼噜是一种疾病。一般来说，打呼噜的人气道是比正常人窄的。当白天清醒的时候，打呼噜人的咽喉部肌肉代偿性收缩使气道保持开放，这时候就不容易发生堵塞。可是到了晚上睡觉的时候，他们的肌肉就会非常松弛，造成上气道塌陷。在呼吸时，气流通过狭窄的部位就会产生涡流并引起振动，这就形成了呼噜声。

为什么

有的人睡觉时爱打呼噜？

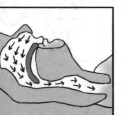

常气道

上气道部分阻塞造成打呼噜

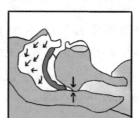

上气道完全阻塞，造成阻塞性呼吸暂停

智慧大本营 ↑

很多人认为打呼噜表示人睡得特别香，其实这是错误的观点。实际上，打呼噜有很多危害，严重的可导致高血压、冠心病、内分泌失调等，甚至还有可能在睡眠中猝死。

为什么睡觉前用热水泡脚会睡得香呢？

告诉小朋友们一个秘密，如果想睡上一个好觉，只需要在睡觉前用热水泡泡脚就可以了。不信的话你们可以试一下哦！

睡觉前用热水泡泡脚就可以让人睡个好觉，这是为什么呢？这是因为，在白天我们累了一天，特别是我们的双脚，更是需要走来走去的，非常劳累。而为了保证双脚可以正常运动，我们的心脏就会为双脚输送血液。当我们躺下来睡觉时，脚底的血液会回流到心脏中。只有血液循环通畅了，我们的身体才会感到舒服。

睡觉前泡泡脚，可以有效促进我们双脚的血液循环，使血液回流速度加快。这时我们的身体就能调整到最舒服的状态。所以，小朋友们一定要养成睡觉前用热水泡脚的好习惯哦！

睡平板床要好于睡软床吗?

"妈妈, 我想要一张软软的大床!" 很多小朋友非常喜欢软软的床, 因为躺在软软的大床上会感觉非常的舒服。可是, 睡在软床上真的好吗?

告诉小朋友们吧, 睡在平板床上要比睡在软床上好得多! 这是因为软床太柔软, 当人躺在上面的时候, 人的脊柱很容易发生变形, 久而久之就会引发与脊柱有关的疾病。而平板床因为比较硬, 人躺在上面身体可以摆放平直, 这样一来脊柱也就不容易发生变形了。因此, 医院中的病床都是平板床。所以, 小朋友在睡觉时, 还是选择睡在平板床上比较好。

> 当睡在不同的床上时, 人的脊柱也会发生变化。

睡平板床时的脊柱图　　　　睡软床时的脊柱图

为什么运动时会用口鼻一起呼吸?

当我们在运动时, 总是会累得气喘吁吁的, 每当这时, 我们就会用嘴巴和鼻子一起进行呼吸。

之所以在运动时用嘴巴和鼻子一起呼吸, 是因为运动中的人消耗了大量的氧气, 所以需要大量的氧气来补充。而这时候狭窄的鼻腔根本无法满足人对于氧气的需要, 如果光靠鼻子进行呼吸就会加快呼吸的频率, 进而增加呼吸肌的负担, 这反而会增加疲劳感。而如果嘴巴和鼻子同时呼吸就可以快速地吸入大量的氧气, 使身体可以快速地得到氧气补充, 从而就可以使疲劳的身体很快恢复过来。

剧烈运动后为什么肌肉会酸痛？

小朋友们有没有这样的感觉，如果剧烈运动，第二天我们的肌肉会出现酸痛感。这是怎么回事呢？

原来，这与我们肌肉内部的能量代谢有直接的关系。在进行剧烈的运动时，我们的肌肉就会进行收缩运动，而肌肉的收缩需要能量的支持，这些能量的来源主要是肌肉组织中的糖类物质。

然而，运动的过程中，肌肉组织并不能得到充足的氧气补给，这就使肌肉暂时缺氧。这时候，肌肉中的糖类物质就会分解出乳酸，而释放出的能量也相应减少。大量的乳酸被堆积在肌肉中，肌肉内的神经末梢就会受到刺激，因此我们便产生了肌肉酸痛的感觉。

运动之后为什么不能猛喝水？

打完篮球后，很多小朋友会冲到家中猛喝水。其实这样做是非常伤身体的！

如果经过剧烈的运动后立刻猛喝大量的水，就会使血液中盐分的浓度降低，进而降低了细胞的渗透压，这会使电解质平衡被破坏，我们就很容易抽筋。

不仅如此，当我们进行了剧烈的运动后，肠胃中的血液循环会暂时减少，这个时候胃肠的功能性会变得非常差，对水的吸收能力也非常弱。如果猛喝水的话，就会使水分渗透到细胞和细胞间质中，胃肠就会产生胀满的感觉，会因挤压膈肌而影响心肺活动。因此，即使小朋友们玩累了、玩渴了的时候也千万不要立刻猛喝水哦！

智慧大本营

在运动过后，喝冰水或冰饮料也是不好的，这样会刺激我们的胃肠，不利于我们的身体健康。最好的选择是来上一杯淡盐水，或是缓慢地喝一些温水。

饭后不能做剧烈运动吗?

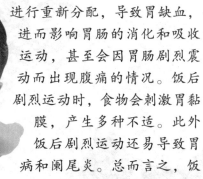

小朋友们一定要知道,吃完饭后绝对不可以立刻做剧烈运动哦!

为什么饭后不可以做剧烈的运动呢? 这是因为刚吃过饭后,食物还没有被完全消化和吸收。如果这时候就进行剧烈运动的话,肌肉和骨骼就需要大量的氧气和营养物质的支持。这样,中枢神经就会对全身的血液进行重新分配,导致胃缺血,进而影响胃肠的消化和吸收运动,甚至会因胃肠剧烈震动而出现腹痛的情况。饭后剧烈运动时,食物会刺激胃黏膜,产生多种不适。此外饭后剧烈运动还易导致胃病和阑尾炎。总而言之,饭后剧烈运动会对我们的身体造成很大的危害,小朋友们一定要避免。

短跑运动员为什么总是蹲下起跑?

当欣赏田径比赛时,我们总是看到短跑运动员在起跑的时候先蹲下来,他们的两条腿一前一后,后脚用力蹬着地面,做出预备的姿势。为什么他们要用这样的姿势起跑呢?

原来,这样的姿势可以让短跑运动员更快地加速。当听到发令枪声后,运动员们会因为这种蹲着起跑的姿势而让肌肉产生非常强大的爆发力,运动员就可以用最快的速度冲出去。不相信的话,小朋友们也可以在上体育课的时候自己试一下哦!

在转圈后为什么会觉得头很晕?

如果在原地转上几圈后，你就会发现自己头晕目眩，甚至连站都站不稳了。

出现这种情况的原因是什么呢？原来，在我们的耳朵内有三个环状的管子，被称为半规管。在半规管中充满了淋巴液。当我们转圈的时候，半规管里的这些液体就会跟着晃动。每当这个时候，神经系统就会将这些信息传递给大脑，人也就有了旋转的感觉。当人体转动停止后，半规管里的液体并不能马上静止，仍然会晃动，而神经系统则会继续将晃动的信息传递给大脑，所以，当停止转动时，我们还会感到头晕。

智慧大本营 ↑

我们转圈很容易头晕，但是芭蕾舞演员们无论转多少圈，仍然没事。其实，转圈是有窍门的哦！只要将视线定在一点，转的时候头最后转，一直将视线放在一点，就可以减缓头晕的症状了。

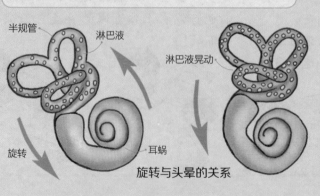

半规管　淋巴液　　淋巴液晃动

旋转　　　耳蜗　　　旋转

旋转与头晕的关系

头好晕……好晕……

快速奔跑时为什么无法立刻停下？

当憋足了劲儿与小伙伴们赛跑时，你会爆发出强大的力量往前冲，可是当到了终点时，你会发现自己无法立刻停下来，小伙伴们的状况也是一样的。

之所以出现这种情况，是惯性在捣鬼。赛跑的时候身体在高速运动，整个身体都是向前冲的。而当你想要停下来

的时候，你的大脑就会命令你的双腿减速，此时，你的双腿就会逐渐地变慢。可是，你的上半身却仍然维持着向前冲的状态，进而带动你的双腿朝前冲。因此，快速奔跑的时候是很难立刻停下来的。

为什么有些人会得侏儒症？

小朋友们在很小的时候，身体矮小，长大后就会自然长高。可是却有一部分人长大后身体还是非常矮，甚至比小孩子还要矮，这些人就是侏儒症

患者。

为什么人会得侏儒症呢？其原因有多种，其中常见的一种是人头部的垂体分泌的生长激素过少，或者身体对生长激素不敏感，导致身体不能正常生长发育，无法长高。

智慧大本营 ⬆

如果垂体没能分泌足够的生长激素，就会成为侏儒。但是，它分泌过多也是一种病症，就是巨人症。所以生长激素也不是越多越好哦。

经常参加体育锻炼就能使身体增高吗？

常听大人们说："多多锻炼，就可以让你长个大高个！"这是真的吗？其实，这还是有一定科学道理的。

小朋友们多参加体育锻炼可以使身体的代谢功能得到增强，同时也会提高自己抵御疾病的能力。这对脑垂体分泌生长激素非常有利，并且还可以很好地促进血液循环，加大骨组织的血液供给量，也就有利于身体长高了。

还不止如此呢！当小朋友们在室外进行体育锻炼时，会接受更多的紫外线照射，皮肤表皮细胞中的胆固醇会因为阳光照射而转化为维生素D。这非常有利于肠道吸收钙和磷等营养元素，使骨质增强，促进骨骼生长发育。因此，多锻炼身体，小朋友们就可以使自己长个大高个儿啦！

小朋友们要多多锻炼身体哦！

我们为什么不应等口渴时再去喝水？

　　仔细想一想，我们平时什么时候喝水呢？有的小朋友或许说了，当然是口渴的时候了！但是你知道吗？口渴时再去喝水是错误的！

　　水是我们生活当中所必需的，通常一个人每天需要1000～1500毫升的水，才能满足身体所需。我们为什么会感觉口渴呢？这是因为在代谢的过程当中，一部分水会离开我们的身体，当我们的身体缺水之后，血量会减少，血液浓度会增加，这样一来我们就会产生口渴的感觉。但是，当血液浓度增加的时候，就已经影响到代谢的正常进行了，还会给我们的心脏造成较大的负担。

　　由此看来，我们只有及时补充水分，才能保持良好的状态哦！

智慧大本营 ↑

　　水是我们身体中非常重要的物质，它可以输送营养物质，也能将废物运出体外。比如流汗、排泄等，都是水流失的过程，所以在运动之后我们要及时补充水分哦！

小朋友慢点喝哦！

85

水一定要等到烧开了才能喝吗?

自来水很方便,但是妈妈总会禁止我们直接喝自来水,因为这是生水。就算想要喝凉水,也要把水烧开晾凉之后才能喝。为什么要这么麻烦呢?

因为日常生活当中的生水并不卫生。自来水虽然在自来水厂经过了消毒,但是水中仍有微生物存活。而且运送自来水的管道并不是没有污染的,空气当中的微生物也会进入水中。如果我们直接饮用自来水的话,无疑就将微生物喝到肚子里了,这也正是有人拉肚子、患寄生虫病的原因。

烧开的水就比较安全了。水在沸腾之后可以杀死水里的微生物,喝起来也就不会生病了。为了我们的身体健康,还是应先将水烧开比较好。

爸爸妈妈为何总说饭前饭后不能多喝水?

吃饭时容易口渴,但是这个时候爸爸妈妈总会阻止我们喝水,饭前也是一样。难道这样做有什么特别的道理吗?

答案是显而易见的,这是从我们身体健康的角度考虑的。我们吃的食物要经过胃的消化才能被吸收,消化时需要大量的胃液。饭前和饭后正是需要胃液的时候,如果我们喝了太多的水,就会将胃液冲淡,这样胃的负担就变大了,也不利于消化。所以我们在饭前饭后最好不要喝很多水,当然啦,少喝一点是没有关系的。

智慧大本营 ↑

都说多喝水有利于身体健康,但是水也不能喝太多。不仅是饭前和饭后,平时也要注意适量喝水。如果喝太多水,会增加肾脏的负担,也是不利于身体健康的。

反复沸腾的水为什么对身体有害？

烧开的水咕嘟咕嘟冒泡，真有意思。可是水一开，就要关火了。为什么不让它多开一会儿呢？沸腾久一点应该更卫生吧？

如果这样想就大错特错了！沸腾久了的水或是反复沸腾的水，都是有害的。水中含有重金属离子和硝酸盐，不过含量不高，不会对身体造成负面影响。但是如果水持续沸腾的话，就会有大量的水变为水蒸气，流失到空气当中，水中的重金属离子和硝酸盐浓度会增高。同时水中的硝酸盐长时间加热会产生有毒的亚硝酸盐。我们喝了这样的水，就会对身体造成损害。

一般情况下，水到了100℃的时候，细菌就被杀死大部分了，所以无须让它一直沸腾。

井水为什么冬暖夏凉？

现在城市当中很难见到水井，不过在农村倒是很常见。喝过井水的小朋友一定发现了一个特点，那就是井水是冬暖夏凉的。这里面有什么奥秘呢？

如果小朋友测量过井水的温度就会发现，实际上冬天的井水比夏天的井水温度还是要低一些的。既然这样，怎么会有冬暖夏凉的错觉呢？虽然井水一年四季温差不大，但是地面上的温度差别却很大。夏天的时候，地面非常热，而深深的水井很难传导热量，所以感觉井水很凉；到了冬天，正相反，地面温度很低，地层深处的泥土热量无法向空中散发，所以井水能够保持相对高一些的温度。相较于寒冷的天气，井水就给我们温暖的感觉啦！

智慧大本营 ↑

其实，冬暖夏凉并非只是井水的特性，只要是地下水，通常都会有这样的特性。当然，其中的原理也是一样的。

87

炎炎夏日，喝上一杯冰饮料是再理想不过的了。可是，喝完之后还是会感觉特别渴，这是怎么回事呢？

喝完饮料感觉口渴并不是饮料已经流失了，而是因为饮料多是甜的，其中含有大量的糖分，糖分在我们的体内需要分解，而分解的过程中需要水分的参与。这样一来，我们喝饮料不但无法缓解身体的供水压力，反而加剧了身体对于水的需求，所以也就更口渴了。除此之外，冰饮料过低的温度会让毛孔收缩，不利于散热，还会间接伤害我们的胃肠。

因此，想要在夏天解渴，喝一些温热的茶才是最好的选择！

在夏天喝冷饮料为什么不是特别解渴？

吃多了酱油会使皮肤变黑吗？

很多人都说，酱油吃多了会让我们的皮肤变黑。但事实上，这种说法是完全没有科学依据的。让我们想想看，酱油的原料都是小麦和大豆之类的，通过发酵之后才成了酱油，食用后酱油会分解成无机盐、水、碳水化合物以及氨基酸之类的物质。这些物质并没有光敏感性，也没有黑色素，根本就不会影响我们的肤色。

要是相信酱油会让我们变黑，那喝了蔬菜汁岂不是要变绿了？我们还是应该相信科学，我们的肤色是由身体当中的黑色素多少以及分布位置决定的。酱油虽然看起来黑黑的，但它可不是油漆，不会让我们变黑的！

智慧大本营 ♠

虽然酱油不会影响我们的肤色，但有些食物确实会让我们变黑。比如富含铁、铜、锌等金属元素的食物。这类食物包括核桃、动物肝脏、虾等，所以在吃这些食物的时候，还要注意适量。

盐

黄豆

小麦

89

常吃钙片为什么还会缺钙?

在我们成长的过程中,钙质的补充是很重要的。为此,妈妈经常会买钙片给我们吃。可是为什么有时常吃钙片仍然会缺钙呢?

事实上,很多时候,我们补钙就像用纱布接水一样,吃下去的钙质多半都流失掉了,并没有被我们的胃肠有效吸收。没法吸收的话,补钙自然就不会有效果了。

要想促进钙质的吸收,多多运动、多晒太阳才是关键,千万不要把希望全都寄托在吃钙片上哦!

多喝矿泉水有利于我们身体健康吗?

爸爸妈妈总说喝饮料不利于身体健康,那矿泉水呢?矿泉水里面富含矿物质,喝起来应该没问题吧?

我们都知道,矿泉水来自深层地下,没有污染,其中含有对身体有益的微量元素和无机盐,但是,过量的微量元素也会给我们的身体带来危害。如果微量元素过多,我们体内的代谢就会失调,肾脏会有较大的负担。

所以说,矿泉水虽然对我们的身体有益,但是也不能无限量地喝下去。

潜水层

隔水层

承压水层

隔水层

为什么有人说
生吃西红柿无益呢?

有人说西红柿当中有尼古丁,生着吃会致癌。事实上,西红柿当中的尼古丁几乎可以忽略不计,不会对人体构成什么影响。如果不计较这点的话,可以生吃西红柿吗?

答案是可以的,因为西红柿含有丰富的维生素C,这是人体必需的营养素。与此同时,西红柿中还含有一种叫作番茄红素的物质。这种物质对我们的身体非常有益,只不过生吃的时候不太容易吸收。我们可以通过高温将西红柿细胞破坏掉,充分地释放出番茄红素,这样我们的身体就能更充分地吸收这种营养素了。所以说,西红柿并不是不能生着吃,而是相较之下,熟了的西红柿营养成分更高。

智慧大市营 ♠

没有完全成熟的西红柿是青色的,里面含有有毒的龙葵碱,不能吃。把它们放一段时间自然成熟变红后就可以吃了。当然也有一些西红柿,本身品种就是青红色的,是可以食用的。

西红柿炒蛋

为什么刷完牙后 再吃橘子会感觉很苦?

早上洗完脸、刷完牙想不想吃水果呢?可是奇怪了,为什么这个时候吃的橘子不甜,是苦的呢?

这并不是橘子的问题,而是我们的味觉出了问题。在我们的舌头上,有能够感受味道的味蕾。味蕾就覆盖在我们的舌头表面,我们平时感觉到的味道,都是通过味蕾传达给大脑的。不过,味蕾想要发挥作用,还需要食物和唾液的结合。我们刷牙之后,虽然漱了口,但是牙膏当中的一些成分会抑制味蕾上的甜味感受器。这个时候吃橘子,橘子中的苦味就占据上风了,我们也会觉得苦苦的。

长期饮用纯净水好吗?

矿泉水和饮料都不能多喝,那喝纯净水总该没问题了吧?千万别这么想,纯净水也并不是完美的。

虽然我们不能摄入过多的矿物质和微量元素,但我们的身体仍旧需要这些。如果我们长期饮用纯净水,那么那些原本该由水带来的营养素就得不到补充,这样会造成体内的营养失衡,并不利于我们的身体健康。

什么是食品添加剂?

外面买来的食品绝大多数都含有食品添加剂。那么到底什么才是食品添加剂,小朋友们知道吗?

事实上,世界各国对于食品添加剂的定义并不完全相同,不过总结起来,食品添加剂就是改善食物品质,为防腐和加工需要而添入的天然物质或人工合成物质。就我国来说,食品添加剂总共有超过2000种。

小朋友们不要以为食品添加剂都是坏家伙哦,它并不是非法添加的物质,而是可以提高食品质量,满足我们需求的合法添加物。有的添加剂还会改善我们营养失衡或营养缺乏的状况呢,所以我们应该正确看待和正确使用这些物质。

防腐剂

着色剂

增味剂

亚硝酸盐

智慧大本营

食品添加剂有天然的和人工合成的两种。不过,不要以为天然的就一定比人工合成的好。有的时候,天然的添加剂如果过量使用,比人工合成的添加剂毒性还要大呢!

牛奶为什么不宜高温煮得太久?

反复沸腾的水对人体有害,为什么牛奶也不可以持续高温加热呢?

牛奶当中有丰富的蛋白质。一般情况下,60℃以上就会让胶体状态的蛋白质脱水。脱水后的蛋白质沉淀成了凝胶状态,这就意味着营养的流失。

更重要的是,牛奶沸腾之后,其中的乳糖会分解成乳酸,还有甲酸产生,进而影响牛奶的味道。持续加热甚至会产生致癌的物质!所以,只要让牛奶达到温热就可以了,千万不要持续高温加热。

空腹喝牛奶为什么不好呢? ◇◇◇◇◇◇◇◇

牛奶是我们早餐常见的饮料,它有丰富的营养,不过,在喝奶之前,我们应该先吃些面包,或是其他食物,因为空腹喝牛奶不利于身体健康。为什么这么说呢?

牛奶是一种液体,水分在牛奶中占了相当大的比例。我们空腹喝牛奶就像饭前喝水一样,会冲淡胃液,不利于消化吸收。而且,肚子空空的时候,牛奶喝下去就会很快通过胃肠,来不及吸收营养就流失了。另外,人在空腹的时候,体内的血糖值也是偏低的,喝下去的牛奶会被当成热量消耗掉,而牛奶中大量的蛋白质就不起作用了。从营养的角度来说,这也是一种浪费呢!

智慧大市营 ◆

虽然我们不能空腹喝牛奶,但是婴儿却可以。这是因为宝宝的体内有一种叫作乳糖分解酶的物质,能够及时地吸收牛奶的营养。

煮好的牛奶上面为什么会有一层"皮"？

小朋友们吃过奶皮吗？当牛奶煮开之后，如果没有及时喝掉，静置一段时间，牛奶上就会有一层厚厚的奶皮。这到底是为什么呢？

这是因为牛奶当中含有很多脂肪。在煮牛奶的过程中，脂肪会和水分离。相对于水来说，脂肪比较轻，所以它就会浮到水面上来，再结合蛋白质，就成为奶皮了。告诉你哦，奶油和奶酪就是用牛奶当中的脂肪和蛋白质做的呢！

被鱼刺卡住后喝醋有用吗？

在我们的生活当中，有许许多多的智慧。比如，很多人都说，要是吃鱼的时候不小心被鱼刺卡住的话，喝点醋就可以解决问题。这个说法可靠吗？

从理论上来说，这个说法是对的，因为鱼刺当中含有钙，而醋当中含有酸，能够和钙发生反应，让鱼刺软化，这样一来鱼刺就会进入我们的食道。不过，这条生活经验也不是什么时候都适用的。因为醋是液体，它短时间的冲刷不能让鱼刺软化，只有让它停留一会儿才行。而且，如果卡住喉咙的刺比较大，或者卡得比较深，这个时候，我们的食道可能已经受伤了，如果再喝醋的话，很有可能刺激伤口。

所以说，如果不小心被鱼刺卡住喉咙，最好的办法并不是喝醋，而是让医生来处理。

吃鱼头真的会聪明吗？

　　家里吃鱼的时候，小朋友们喜欢吃哪一部分呢？都说吃鱼头能变聪明，这个说法有科学依据吗？

　　科学家研究表明，鱼头当中所含的营养确实比鱼肉更多。在鱼头当中，有一种被称为"脑黄金"的物质，就是鱼油。鱼油当中含有丰富的不饱和脂肪酸，它可以改善大脑的机能。也就是说，多吃鱼头是真的可以变聪明的！

没煮熟的豆浆有毒吗?

喝牛奶的时候不宜持续加温,因为温度太高会破坏牛奶的营养。那么,豆浆看起来和牛奶差不多,是否豆浆也可以只加热到温热就喝呢?

绝对不可以,豆浆要煮熟才能喝,没有煮熟的豆浆是有毒的!豆浆当中含有非常丰富的蛋白质,这是对我们身体非常有益的。但是,豆浆中不是只有蛋白质而已。豆浆在煮熟之前,里面含有一种叫作皂素的物质,这种物质会破坏红细胞,引起食物中毒。另外,还有胰蛋白酶抑制物等对人体有害的物质。

所以要注意,没煮熟的豆浆千万不要喝哦!

为什么刚买来的鸡蛋不能清洗?

鸡蛋刚买回来的时候,外皮上总是很脏。这个时候,小朋友们是不是想帮妈妈干点活,把鸡蛋清洗一下呢?可是,如果真的这样做的话,那可就帮了倒忙啦!

虽然我们觉得鸡蛋不会变质,但时间久了,鸡蛋也会不新鲜,也会腐败的。只不过,从外皮上难以看出来而已。虽然我们觉得鸡蛋壳是鸡蛋最好的防护伞,但实际上,蛋壳上并不是没有缝隙的。蛋壳上有很多小孔,只是我们看不见而已。如果我们把刚买来的鸡蛋用水清洗的话,水分就会由小孔渗入到鸡蛋里,这样会引起鸡蛋变质。

刚煮熟的鸡蛋泡在冷水中，为什么会容易剥壳？

刚煮熟的鸡蛋既烫手又不好剥壳，可真让人着急啊！在冷水里泡一会儿就不一样了，不但降温了，壳也好剥了。这是什么道理呢？

冷水当然会让鸡蛋降温，可为什么它会让鸡蛋更容易剥壳呢？这是因为鸡蛋大的一头的内膜和蛋壳之间有空隙，在加温的时候，空隙当中的气压增高，空气被压了出去，鸡蛋的内膜和蛋壳粘在了一起，所以蛋壳就很难剥掉。但是放入冷水之后，由于热胀冷缩的原理，蛋壳和蛋白会发生不同程度的收缩，同时水分会从蛋壳上的小孔渗进鸡蛋内部，使得鸡蛋的内膜与蛋壳分离开来，这样鸡蛋便更容易剥壳了。

智慧大本营

虽然放入冷水有利于剥蛋壳，但事实上，这种方法并不好。因为冷水当中有微生物。直接将熟鸡蛋放入冷水里，就给了它们可乘之机。所以想吃鸡蛋的话还是自然晾凉比较好。

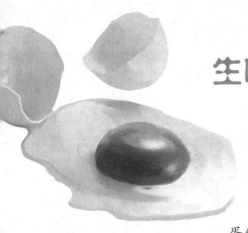

生吃鸡蛋有什么害处？

很多人都说，高温会破坏食物的营养物质，生食是最好的选择。但是小朋友们要记住，这个"规则"并不适用于所有的食物哦！就拿鸡蛋来说吧，生着吃是非常不好的。

首先，生着吃鸡蛋是非常不卫生的。因为鸡蛋外壳上有很多肉眼难见的小孔，这些小孔就像一个个通道，是细菌进入鸡蛋的途径。如果生着吃，无疑会将这些细菌也一起吃到肚子里去。

其次，生鸡蛋当中含有对身体有害的胰蛋白酶抑制物，它会阻止我们吸收营养素。而且，生鸡蛋当中的蛋白质也难以吸收。这样会造成营养的流失。从各个方面来看，生食鸡蛋都是有害而无益的。

为什么菠萝吃前需要用盐水浸泡？

菠萝酸酸甜甜的，真可口！妈妈买回来之后，总会放到盐水中浸泡一会儿。要是没有这个过程，我们吃到嘴里就会酸涩无比，甚至会让我们的嘴发麻！盐水之中有什么秘密吗？

原来，在菠萝当中含有一种特别的酶，叫作菠萝蛋白酶。这种酶会分解蛋白质，不仅如此，还会刺激我们的口腔黏膜。我们吃起来嘴发麻正是这种酶在作怪。但是用盐水泡一下就不一样了。盐是菠萝蛋白酶的死对头，它能够抑制这种酶。这样吃起来，没有菠萝蛋白酶的干扰，自然就能品尝菠萝的美味啦！

智慧大本营 ↑

实际上，真正熟透了的菠萝不用盐水浸泡就可以吃。但是离产地较远的地方，运输过程中需要时间，所以菠萝都是在没有熟透的时候就被摘下来运走的，所以吃的时候就需要盐水的帮助啦！

水果能不能代替蔬菜呢？

　　水果甜甜的，营养丰富，比蔬菜美味多了。那么我们能不能只吃水果，不吃蔬菜呢？

　　在这里要告诉小朋友们，水果是不能代替蔬菜的！虽然蔬菜和水果营养成分相近，但是并不相同。水果和蔬菜都含有维生素和矿物质，不过多数蔬菜当中维生素含量要高于水果。另外，水果当中有大量的果胶，这是一种可溶性纤维，它不容易被吸收；而蔬菜当中则有丰富的膳食纤维，可以促进新陈代谢。

　　最重要的是，水果当中含有大量能够被直接吸收的糖分，如果我们只吃水果，不吃蔬菜的话，容易让我们血糖升高，不利于身体健康。

　　当然啦，蔬菜也不能代替水果，光吃蔬菜不吃水果也是不行的，只有营养均衡，我们才能健康成长哦！

为什么用开水煮饭最有利于健康？

小朋友们帮父母煮过饭吗？煮饭的时候是用自来水还是用开水呢？可能有的小朋友会问了，自来水还是开水有区别吗？

不仅有区别，区别还很大呢！我们日常所用的自来水里面含有氯。而大米当中含有一种很重要的营养成分，叫作维生素B_1，它能和氯发生反应，从而流失。这样不利于我们对营养的吸收。先将水烧开的话，可以将水中的氯除掉。所以说，只有用开水煮饭才最有利于身体健康！

用开水煮饭，除了能够防止维生素B_1的流失外，还能让大米当中的淀粉充分膨胀，这样一来大米中的淀粉也更容易被我们吸收。

酒喝多了会不会伤肝？

你知道我们身体各器官的作用吗？肝对于我们很重要，它能够造血，也能够排毒。所以，我们一定要保护好肝。有人说，喝酒伤肝，这种说法有道理吗？

喝酒多了确实很伤肝！酒中的主要成分是乙醇。喝完酒之后，90%的乙醇会在肝中分解，经过反应后生成乙醛。

乙醛会危害我们肝的健康，它的毒性会阻碍肝的正常代谢，甚至会杀死肝细胞！因此，如果经常过量饮酒的话，很可能会患肝硬化，甚至是肝癌等疾病。所以说，一定要告诉爸爸少喝酒啊！

油炸食品为什么不能多吃？

　　油炸食品看上去色泽鲜亮，香气诱人，小朋友们是不是很难抗拒这种美味的诱惑呢？但是，油炸食品不能多吃，它对人的身体是有不良影响的。

　　首先，炸制食品用的油，往往都是反复使用的，而油脂反复高温加热，会使其中对身体有用的不饱和脂肪酸，转化为对人体有害的反式脂肪酸。反式脂肪酸会干扰人体的代谢，增加人们患心血管病的风险。而且高温还会破坏食物中的维生素。

　　其次，油炸食品中的油脂是过剩的，热量很高。我们长期食入过多油脂，会使身体因脂肪堆积而变得肥胖，进而导致脂肪肝等疾病的产生。同时，也会使体内胆固醇含量升高，加重了患其他疾病的风险。

　　此外，油炸食品不易消化，常吃油炸食品容易引起消化不良。

　　因此，小朋友们一定不要因为贪图好味道而过多食用油炸食品。

喝热汤时为什么要吹一吹？

我们在吃热的东西的时候，都会先吹一吹，这似乎已经成为一种习惯。为什么一定要这样做呢？

有的小朋友该笑了，这还用说嘛，当然是怕烫嘴了啊！没错，在吃热东西、喝热汤的时候，吹一吹可以防止烫伤。因为我们呼气的时候能够让空气流动，从而产生风。风虽不大，但足以带走食物表面的热气。吹几口气，食物温度就变得适中，方便我们食用啦。所以，在喝汤前不要着急，要先吹一吹哦！

为什么不能用热水化冻肉？

小朋友们的家中都有冻肉吧？在吃之前一定要先解冻才便于烹饪。那小朋友们有没有注意过，父母化冻肉的时候都是把肉泡在凉水里的。为什么不用热水呢？这样不是更快吗？

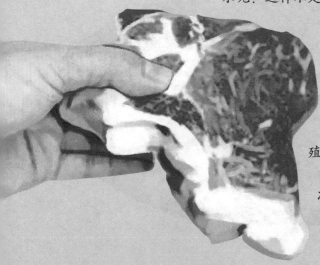

用热水给肉解冻是最糟糕的方式了。因为热水温度过高，肉的外部会很快升温，甚至还会变色，但是这些热量并不能传导到肉的中心，所以肉的中部仍旧化不开。而且热水会让很多微生物繁殖，还会流失一些营养物质！

因此，在化冻肉的时候，最好用凉水，或是提前一天将肉放到冷藏室当中，这样才是最科学的方式。

为什么在加入味精后食物可以更鲜美？

妈妈在做饭的时候，最后都会加入一点味精，因为这样会让食物的味道变得更加鲜美。味精为什么这么神奇呢？

这是因为在味精当中，含有一种叫作谷氨酸钠的物质，它是谷氨酸的钠盐，就是它让菜变得美味。很多富含蛋白质的食物中都有谷氨酸的存在，比如西红柿、蘑菇、豆类和奶制品等。人们最早就是提取了各种食物当中的谷氨酸并制成可以呈现出鲜味的钠盐，生产出味精。将味精加一点在食物中，食物就会变得更可口。不过要注意的是，味精也要适量食用，吃多了可就不利于身体健康了。

智慧大本营 ↑

虽说放味精能够让食物更鲜美，但是有几种情况是不宜放味精的。放醋较多的菜不宜放味精；凉拌的菜不宜放味精；甜味的菜不宜放味精；馅料不宜放味精；炒肉也不宜放味精。

淘米的次数为什么不能过多？

小朋友们有没有观察过父母做饭呢？在淘米的时候，他们通常都不会淘很多次，现在有了免淘米，更是省去了淘米的步骤。有时淘米的水明明还很浑浊，但父母却不继续淘了，这是为什么呢？

有的小朋友可能知道，多次淘米不好。具体哪里不好呢？告诉你吧，在大米当中，含有很多水溶性维生素，它们很容易溶解在水中，所以，淘米的过程也是营养流失的过程。如果多次重复淘洗的话，营养会损失很多。因此，我们要尽可能减少淘米的次数，而且淘米的时候，也尽可能不要用力搓洗。

活鱼宰杀后为什么不宜马上烹调呢？

虽然小朋友们不会做饭，可我们也知道，食材要新鲜，菜肴才美味！但是，刚刚买回家的鱼却不宜马上烹调，一定要放置一段时间才好。新鲜的鱼营养价值不是更高吗？为什么一定要过一段时间再烹调呢？

这是因为，在鱼刚死的时候，肌肉当中的蛋白质还未分解。所以在鱼死后马上烹饪的话，鱼肉的肉质就会发硬，营养成分也不够高。如果宰杀鱼之后放一段时间，鱼在僵硬过后就会渐渐软化下来，这个时候，蛋白质会分解成氨基酸。此时再做的话，正是营养价值最高的时候，而且味道也会更加鲜美。

烧焦的鱼和肉为什么不能吃呢？

有的时候，一个不留神，锅里的肉就烧焦了。扔了难免有些可惜，可是父母却不让我们吃，除了味道不佳之外，难道还有其他的原因吗？

确实，除了烧焦的肉味道不好之外，还有一个很重要的原因，就是烧焦的肉和鱼会危害我们的身体健康！肉和鱼当中都含有丰富的高分子蛋白质，如果烧焦了的话，这些蛋白质就会分裂成为低分子氨基酸。这些氨基酸受热会产生有毒的化学物质。所以千万不要因为怕浪费而吃烧焦的肉和鱼啊！

智慧大本营 ♠

烧焦的肉和鱼不宜食用，其实不单单是这两种食物，大部分烧焦的食物都不利于身体健康。所以做菜一定要掌握好火候，千万不要烧焦了。

饺子在熟了后为什么会自己浮起来呢？

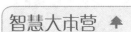

饺子是非常美味的，在煮饺子的时候，大人会根据饺子是否浮起来判断它有没有熟。生饺子下锅会沉底，当浮上来的时候就证明它熟了，这是什么道理呢？

饺子馅当中含有一些水分，当饺子入锅之后，就会持续升温。此时，饺子馅当中的水变成了水蒸气。饺子皮包裹着这些水蒸气，使得饺子产生了浮力。当饺子的浮力比它本身所受重力大的时候，它就自然漂起来了。

不过，饺子漂起来并不意味着它已经熟了，这个时候最好用筷子来判断一下。如果用筷子轻轻按一下饺子还能够恢复原状的话，那意味着饺子已经煮熟了！

智慧大本营 ◆

虽说饺子入锅的时候应该下沉，但是速冻饺子不一样，它在入锅的时候是漂浮在水面上的。不过，稍微煮一下，等饺子上的冰融化之后，它就会沉下去了。

水落在油锅里为何会发出爆响？

妈妈在做菜的时候，一定会将锅中的水烧干才会放油，在放食材的时候也尽可能不让水滴进入油锅。因为水落到油中会发出爆响，还会飞溅！

这是由水的密度和沸点与油不同所导致的。水的密度比油大，所以水滴不会漂浮在油的表面，而是会下沉。而且，水和油这两种物质的沸点也不相同，油的沸点要高一些。所以，当水和油一起加热的时候，水会先达到沸点。水在达到沸点后会变成水蒸气，此时，水蒸气的密度比油小，会上升冲破油的表面。这样一来，我们就会听到爆裂的声音，还会见到油花四溅了。

反复加热过的油为什么不能食用?

早点摊上的炸油条味道很好，可是父母总是不让我们吃，因为早点摊上所用的油都是反复加热的。食用油反复加热之后会有什么变化吗？为什么不能食用呢？

从最基本的方面来说，高温加热后的油营养价值会降低，一些维生素、脂肪酸都会流失。不仅如此，反复加热后，油中的营养物质就不易吸收了，还会阻碍我们吸收其他的营养。

更可怕的是，反复加热会使油中的脂肪酸聚合，产生毒素，如果经常食用，会危害我们的身体健康。

为什么妈妈要用小瓶子储存食用油呢?

我们购买的食用油都是用比较大的塑料桶装的，但是回家之后，妈妈就会将油倒入小瓶里。为什么要这么麻烦呢？

这是因为食用油如果长时间暴露在空气中，会和空气中的氧气发生反应而变质，人们食用了这些变质的油后，会对身体产生不良的影响。用小瓶分装食用油，可以减少其暴露在空气中的时间，从而减缓变质速度，而分装用的小油瓶最好也不要不经过清洗就反复使用。因为在小油瓶的瓶口和瓶底，总是有很多残存的旧油，这些旧油会加速新油的氧化变质。

因此，最好的方法，其实就是视全家的用油量，买小瓶的食用油，以保证用油的安全。

> ### 智慧大本营 ♠
> 食用油最好避光储存，这是因为光会加快食用油的变质速度，并破坏其中的维生素E。

大豆油

肉汤为什么会结成冻?

小朋友们吃过肉皮冻吗?其实肉皮冻就是用肉皮煮的肉汤。在刚煮好的时候,它是液体的,等冷却了就成了"冻"。为什么会出现这样的情况呢?

这是因为肉皮当中含有丰富的胶原蛋白。煮制的过程中,这些胶原蛋白跑到了汤中,使汤变得十分黏稠,待汤冷却后就结成冻了。当然啦,如果你不喜欢这样吃的话,重新加热,它就会再次变成黏稠的汤啦!

为什么罐头膨胀就说明里面的食物变质了呢?

罐头的保质期非常长,不过这不代表罐头不会变质。有时,罐头的盖子会凸起,这就代表罐头已经变质了。为什么罐头里的食物变质,罐头就会膨胀呢?

我们都知道,罐头之所以能够保存很久,是因为罐头盒是密封的,罐头中的食物和外面的空气隔绝。没有了和空气接触的机会,罐头就不容易变质了。

但是,如果在密封的时候空气没有抽干净,或是放的时间过长,里面的食物还是会变质的。在这个过程当中,细菌和食物反应会生成气体。因为罐头瓶是密封的,所以气体就会让罐头膨胀起来。

所以,如果发现罐头盒鼓起来了,那就千万不要再吃了哦!

膨化食品为什么不能多吃？

　　小朋友们喜欢吃虾条吗？虽然美味，但是父母总会限制我们，让我们少吃膨化食品。这些食品不是以谷物、薯类、豆类等为原料的吗？为什么不能多吃呢？

　　父母之所以不让我们多吃膨化食品，是因为这种食品不利于我们的身体健康。虽然食材本身没有什么问题，但制成膨化食品之后就成了一种高热、高糖、高盐、高脂肪的食品，还有各种添加剂。吃了容易发胖不说，食用过多还容易患心血管疾病。所以，为了我们的身体健康，不能多吃膨化食品。

肥胖对身体有害吗?

营养不良不利于我们健康成长,同时,营养过剩、过度肥胖也是我们应该避免的。虽然爷爷奶奶认为身体壮一些才会健康,但是太胖就不好了哦!让我们来看看,肥胖到底对我们有什么危害吧!

肥胖使得体内脂肪增多,血液当中的游离脂肪也会增多,这样就会诱发高脂血症。而且体重过重会给我们的身体造成很大负担,各个器官的负荷都变重了,比较容易患各种心脏疾病和脑血管疾病。

所以,为了身体健康,小朋友们要多多锻炼,保持良好身材哦!

吃饭时为什么不要高声谈笑?

俗话说得好:"食不言,寝不语。"也就是说,我们吃饭的时候,最好安安静静的,不要说话,高声谈笑更是应该禁止的。

这个道理想必小朋友们都明白,在吃饭的过程中大声说笑是非常不礼貌的行为,甚至会让人觉得没有教养。不过,这只是其中一个原因。你知道吗?吃饭的时候如果高声谈笑还有可能让我们陷入危机呢!因为说话的时候,食物可能不会老老实实进入食道,而是进入我们的气管,更有可能将食物呛到肺里去。所以,无论从礼仪方面,还是从健康方面讲,我们都不应在吃饭时说说笑笑。

哈哈,今天的饭真好吃!

孩子,吃饭时不要大声说笑。

有句话叫作"百年陈酒十里香"，就是说，酒放置的时间久一些，味道会更加香醇浓郁。这个经验是先人留下来的，成为一个常识，但是，其中的道理你知道吗？

酒在刚生产出来的时候，只能算作是半成品，因为新酒味道不佳，会有苦涩的感觉，还会刺激喉咙。这是因为新酿成的酒中醛和酸的含量较高。但是，将酒密封静置在温度适宜的地方一段时间后，酒当中的成分就会慢慢发生改变了。

乙酸乙酯是白酒香味的主要来源。一开始，它的含量比较低，但是在放置的过程当中，醛会转变为羧酸，而羧酸会和酒精发生反应，变成乙酸乙酯。所以，陈年的酒中乙酸乙酯的含量要更高一些，闻起来也就特别香了！

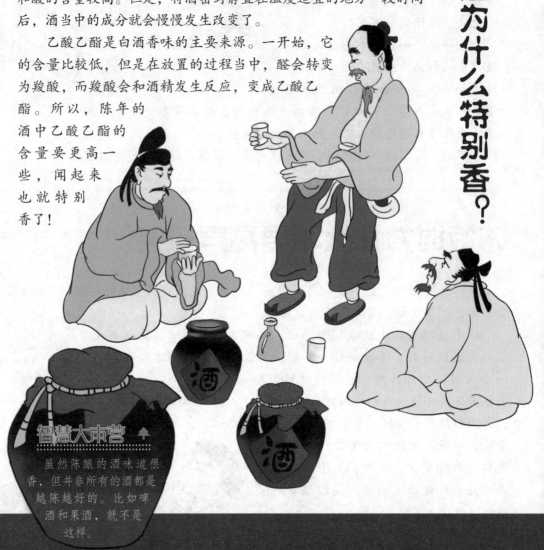

陈年的酒为什么特别香？

智慧大本营

虽然陈酿的酒味道很香，但并非所有的酒都是越陈越好的。比如啤酒和果酒，就不是这样。

橡胶鞋为什么不宜暴晒?

小朋友们自己刷过鞋子吗?如果我们刷的是橡胶鞋,就不能放在太阳下暴晒,这是生活常识。你知道其中的道理吗?

也许有的小朋友发现了,将橡胶鞋放在太阳下暴晒的话,橡胶会很容易老化。橡胶最大的特点就是有弹性,比较软。可是,放在太阳下暴晒的话,鞋子就会变硬、失去弹性,甚至会产生裂口。除了太阳的高温伤害之外,紫外线也是橡胶的敌人。紫外线会切断橡胶分子当中的连接部分,所以橡胶会容易开裂。

小朋友们一定要记得提醒自己的妈妈,千万不要把橡胶制品放在太阳下,而是要让它们远离高温,放在阴凉的地方。

湿的衣服为什么很难脱下来?

水分子把衣服和身体"粘"在一起了。

小朋友们有没有淋过雨呢?当衣服湿了之后,贴在身上真不舒服,就连脱下来也很难!为什么湿衣服那么不好脱呢?

其实呀,这个时候,水就起到了"胶水"的作用,将衣服和我们"粘"在一起了。虽然我们看不见分子,但是物体分子之间都有着一定的吸引力。当衣服湿了之后,在皮肤和衣服之间,水分子开始起作用,水分子和皮肤的分子相互吸引。另一方面,水分子也会和衣服互相吸引。这样一来,水分子就将我们的身体和衣服"连"在一起了,想要分开,自然要费力一些啦!

为什么皮鞋在上油后就会越擦越亮?

小朋友们替爸爸擦过皮鞋吗?皮鞋亮不亮,鞋油很重要,但是,并不是涂上鞋油鞋子就能变亮了。在涂完鞋油之后,都要擦一擦,越擦皮鞋越亮!这是什么原因呢?

我们来打个比方好了。在盖房子的时候,水泥墙是不平整的,因为不够平整,所以光照到不同的平面,会向不同的方向折返,这个时候墙看起来就很灰暗。当装修过后,墙抹上了白灰,细腻而平整,没有了较大的孔隙,自然看起来就明亮了。

鞋子也是这个道理。实际上,皮质的东西表面并不平整,涂上鞋油之后,只是填充了皮子的一些孔隙。但是这个时候,皮鞋仍旧不够平整。用布擦的时候,能够将高于皮鞋平面的鞋油擦掉,这样,皮鞋的表面会变得细腻、光滑而又平整,再加上油的特性,看起来就非常亮了!

消防员穿的衣服为什么不怕火烧?

电视里，消防员们勇敢无畏地冲入火海实施救援，真了不起！当然啦，他们并非是有勇无谋的，也不是没有安全措施的。就拿衣服来说，消防员的衣服是不怕火烧的！你知道为什么吗？

其实，除了消防员穿的衣、裤之外，还有消防用头盔、手套、靴子等配套装备，它们统称为消防员防护服。消防员工作的时候需要成套穿上，才能更好地保护身体。

防护服采用特殊的材料制作，具有耐火性、耐热性和隔热性，同时兼具强韧性，能防止因为碰撞、摩擦等造成防护服受损。此外防护服不怕化学药品的侵蚀。在设计上，衣物之间、衣物与配套装备之间重叠部分较宽，可以将人的身体从头到脚全面包裹，防止火苗窜入。

洗衣粉为什么能去污?

小朋友们有没有自己洗过袜子呢？洗袜子的时候，我们会用一些洗衣粉，因为它能够将衣服上的脏东西带走，这是水做不到的。洗衣粉为什么有这么大的能耐呢？

我们衣服上的脏东西大多数都不喜欢水，所以和水不相容。而我们的衣服虽然喜欢水，但是上面有一层油膜，所以和水也有一些疏远。当我们想将衣服上的脏东西洗掉的时候，就必须让脏东西离开衣服的表面。洗衣粉就是做这个用的。

首先，洗衣粉会溶解在水里。然后，洗衣粉中的烷基苯磺酸钠会进入衣服，和衣服上的脏东西结合在一起，将脏东西包裹起来之后溶解到水中。即使脏东西再不情愿，也只能乖乖地跟着洗衣粉离开了！

智慧大本营 ↑

烷基苯磺酸钠是洗衣粉的主要成分，也是去污的主力。不过，现在市面上的洗衣粉有了很多的成分，比如表面活性剂、酶、增白剂、助洗剂等，这些成分使得洗衣粉有了更强的洗涤效果。

115

白衬衫穿久了为什么会变黄？

小朋友们喜欢白衬衫吗？在夏天的时候，穿上白衬衫别提有多精神啦！可是，白衬衫非常容易脏，即使不受灰尘的影响，穿久了也会发黄。怎么会出现这种变化呢？

衬衫变黄和灰尘没有关系，而是源于我们自身。在天气热的时候，我们为了维持正常的体温，会排出汗水，同时将热量带离身体。汗水可不是单纯的水，其中含有大量的盐分。盐遇到空气之后会被空气中的氧气氧化，之后渗入到衣服的纤维中间。衣服变黄正是盐氧化后的表现。当然，如果及时清洗的话，是可以把衣服上的汗渍洗掉的，如果长时间不清洗，衣服上黄色的汗渍就很难褪去了。

沾有血渍的衣服为什么不能用过热的水来洗呢？

小朋友们有没有流过鼻血呢？有时候，鼻子流血了，血会沾到衣服上。这个时候，妈妈就会为我们清洗。奇怪了，即使天气再冷，妈妈也只用冷水洗，不用热水。如果用热水洗的话会怎样呢？

要是用热水，衣服上的血渍就不易洗掉了。之所以会出现这样的情况，是因为血液当中含有蛋白质。蛋白质在不同温度下会呈现不同的反应。在冷水中它可以溶解，但是温度高的时候，它就不易溶解了。所以，要想洗干净血渍，一定要用冷水而不能用热水！

智慧大本营

除了不能用热水之外，要想轻松去除血渍，还有一些其他的方法。比如用双氧水或漂白粉泡一会儿，血渍就会很容易洗掉了。

衣柜里的樟脑球为什么越来越小？

　　樟脑的气味不好闻，但是对于保存衣物、书籍来说，却是一样好东西。不但我们不喜欢它的气味，那些喜欢吃衣服和书的虫子也不喜欢！可是奇怪了，放进柜子里的樟脑怎么会越来越小呢？
它跑到哪里去了？

　　仔细回想一下，小朋友们就知道它去哪里了。我们能够闻到很刺鼻的樟脑味，证明空气当中含有樟脑分子。樟脑比较特别，它能够由固体直接转化为气体，这种现象叫作升华。樟脑在常温当中就能进行这种转化，只是比较慢，所以我们才觉得它在不知不觉中变小。要是温度高的话，它瞬间就会消散不见的！

为什么毛巾用久了会变硬？

　　小朋友们都喜欢新毛巾吧？柔柔软软的，但是，再柔软的毛巾，用过一段时间之后也会变硬。这是为什么呢？

　　变硬的原因不在于毛巾，而在于水。虽然我们觉得水是单一的物质，但事实上，在水中还含有很多矿物质，比如镁和钙等。在我们洗脸的时候，会用到肥皂，肥皂当中的脂肪酸钠会和镁、钙发生反应，变成不溶于水的物质。在我们用毛巾擦脸的时候，这些不溶于水的物质会藏进毛巾的纤维当中，时间久了，毛巾就变硬了。

为什么有的衣服洗后会缩水？

　　妈妈给我们买衣服的时候，有时会挑大一号的衣服。奇怪的是，洗过一次之后，大小就正好了。这也就是人们常说的缩水现象。事实上，并不是所有的衣服都会缩水。为什么有的衣服会缩水，有的衣服不会呢？

　　这和衣服的面料有关系。比如棉质的衣服通常都会有缩水的现象。这是因为在棉纤维中间有一个空腔，遇到水之后，棉纤维会失去弹性，中间的空腔会缩小，连带着整个纤维都缩小了，所以衣服看起来就小了一圈。除了棉质衣服外，羊毛衣服也很容易缩水。

智慧大本营 ←

　　虽说有的衣服会缩水，但是根据洗涤方法的不同，缩水程度也不一样。比如，用热水洗的衣服就很容易缩水。所以，如果不是衣服大很多的话，最好不要用热水洗，以免缩水之后再也穿不上了。

为什么游泳池的水是湛蓝的，而且有一种刺激性的气味？

我们都知道水是无色无味的，但是为什么游泳池的水是蓝色的呢？不仅颜色变了，就连味道都不一样，游泳池的水总有一股刺激性的气味。难道水"变异"了不成？

其实不是的，游泳池的水之所以变成这样是因为水中加入了一些添加剂。我们都知道，游泳池是公共场所，需要注意卫生问题，所以游泳馆才会在池水中加入一些特殊的消毒物质。这些物质中含有氯，能够和水、氧气发生反应，在此过程中杀死水中的细菌并产生氯气，我们闻到的刺鼻气味其实就是氯气的味道。

另外，为了清除水中的藻类，游泳馆还会往水中加入硫酸铜，硫酸铜是蓝色的，这就是游泳池的水发蓝的原因。

起床后马上叠被子，这种习惯好不好？

在早晨起床之后你会不会马上叠被子呢？如果是这样的话，就要改变一下习惯了，因为起床就叠被子的习惯并不好。

这是因为，我们在睡觉的时候，身体上的毛孔会打开，排出汗液和气体，身体当中的一些分泌物也会一起排出来。如果起床之后马上叠被，那么这些汗液、气体和分泌物就会吸附在被子上。被子会受潮不说，还很不卫生。

所以小朋友们起床后还是先运动运动，将被子翻过来晾晒一会儿之后再叠吧！

为何乘火车睡卧铺时头最好朝着过道方向?

　　小朋友们坐过卧铺火车吗?乘坐卧铺的时候,乘务员会提示我们头最好朝向过道的方向,不要朝向窗子。为什么要这样做呢?

　　虽然头朝窗子睡觉比较安静,但这并不科学。因为车轮和钢轨间接触的震动会传导,靠近窗子的地方震动比较大,不仅不利于我们的睡眠,还会波及我们的大脑,非常不利于身体健康。

　　另一方面,在火车拐弯的时候,如果头朝窗子的话,会比较容易撞到头。而且,过道附近空气流通较好,有利于休息。现在小朋友们记住了吗?乘坐卧铺的时候头要朝向过道哟!

停车信号为什么要用红灯?

　　"红灯停,绿灯行",这个交通规则没人不知道吧?不过你有没有想过,为什么停车信号灯要用红色呢?其中有什么特别的原因吗?

　　原来,光线通过空气时会发生散射,光线的波长越短,散射作用越强,光线的波长越长,散射作用越弱。而在所有可见光中,红光的波长是最长的,空气对其散射作用最弱,从而使得红光可以传得较远。特别是在雨天或雾天,随着空气的透明度大大降低,这种作用就更为明显。因此用红色信号灯作为停车信号,可以使司机及时看到信号,从而减速慢行避免发生交通事故。

护士在打针前为什么先要把针管里的药水「浪费」掉一点呢？

几乎每个小朋友都怕打针，尤其是在推药水的时候，让我们特别恐惧。为什么在打针前一定要把针管里的药水"浪费"一点呢？

护士阿姨可不是故意吓唬我们，这是为我们的安全着想呢。护士阿姨在抽药水时，针头有时会露出水面，因此一些空气就会进入针管当中。如果这些空气被打进我们的皮肤中，打针的部位就会又疼又胀；如果空气被打到血管里，那影响可就大了。空气会顺着血管在我们身体里乱跑，遇到一些小血管时，大气泡过不去，便会堵住血管，那可就会危及生命啦！

所以，为了在打针前把针管里的空气赶出来，护士阿姨便会举起针管让空气跑到最上面，然后推针管，这样小气泡与一些药水便一起被挤出来啦。

智慧大本营 ↑

人体的血管是有粗有细的，比如手皮肤下那一条条青色的就是大血管，而我们一不小心扎破手指时，出血的就是小血管，人们称它为毛细血管。无论大血管还是毛细血管，它们都是连在一起的，血液便在这个"血管网"中不断地流动。

121

听诊器为什么可以诊断病情?

"橡皮管,挂耳上;小圆块,贴心房;白衣大夫依靠它,便知病情怎么样。"这个谜语的谜底就是听诊器。每次生病去医院时,医生都会把听诊器放在我们的胸脯或者肚子上,左听听、右听听,就能知道我们得了什么病。难道一个小小的听诊器就有这么大本事吗?

这是因为医生用听诊器可以听到病人的心跳声和肺呼吸声,也可以听到肠子"咕噜咕噜"的叫声,这些声音如果有了变化,那就证明你生病啦!医生通过声音,可以判断我们得了什么病,也能知道病情的轻重。除此之外,医生还可以借助听诊器给病人量血压呢!

药物能不能与牛奶同服?

苦苦的药谁都不喜欢,所以有的父母常常会把苦药与牛奶、果汁等混合在一起给小朋友们吃。其实这是很不科学的,特别是将牛奶与药物同时服用,这是用药的大忌。

因为牛奶是一种很喜欢与别人"拥抱"的东西,当它与药物混在一起时,就会把药抱在怀抱中。这样,药物被包裹在里面,药里面的有效成分根本没有办法出来发挥作用。而且,牛奶也会在胃里形成一层膜,这样会影响药物的吸收。

特别要说的是,牛奶中有着丰富的钙质,它很容易与一些药中的物质发生化学反应,形成一种不容易溶解的物质,这样吃下去的药就像变质了一样,失去了原有的效用。所以千万不能用牛奶吃药哦!

医院为什么常用75%的酒精溶液消毒？

小朋友们都知道酒精可以消毒，但不是所有浓度的酒精都可以消毒的哦。特别是在医院中，对消毒酒精的浓度要求特别严格，一般都控制在75%左右。这是什么原因呢？

利用酒精消毒杀菌，主要是利用稀释后的酒精渗透能力强的特点。稀释后的酒精，就像一个拿着枪的战士一样钻进细菌的体内，使细菌里面的蛋白质瞬间凝固起来，从而把它杀死。

如果用纯酒精消毒，那酒精在没有进入细菌体内前就会让细菌表面的蛋白质凝固，细菌就像穿上了一层"铠甲"，这样一来，酒精就没办法深入"杀敌"了。

75%的酒精可以很好地深入内部将细菌杀死，而且它们的挥发速度又很快，可以"杀敌"不留痕迹呢。

智慧大本营 ↑

医院里常用的消毒试剂还有碘酒，它的有效成分是碘、碘化钾和乙醇（也就是酒精），通常用于对没有破损的皮肤进行消毒。而75%的酒精溶液更多地用于医用器材消毒。

药片为什么最好用水送服？

有的小朋友怕吃药，有的小朋友却很勇敢，甚至不用水就可以把药"生咽"下去。但是你知道吗？这种做法是错的哦！

药片虽然可以靠口腔里的唾液被咽下去，但它很干，很容易被食道里的黏膜粘住，不上不下地停在食道里，想想该有多难受啊！而且，大部分的药会刺激食道黏膜，这些药卡在食道里的时候，会慢慢溶解，这样食道黏膜就会受到强烈刺激，轻则充血造成水肿，重则形成溃疡或者出血。

所以，为了让药物有最好的疗效，也为了减轻副作用，最好还是用水来送服药片。这样它们才能顺利进入胃里，被身体吸收。

用茶水服药好不好？

不能用牛奶吃药，也不能生吞药片，那么除了温开水，温茶水应该也可以服药吧？要是这么想就错啦。茶叶中的化学成分不但会降低或影响药物的疗效，甚至还会产生一些副作用呢！

在茶叶当中，有一种叫作鞣酸的成分，它和药物中的某些物质混合在一起，就会产生沉淀，这样药物就会变质。特别是中药，中国自古就有茶能"解药"之说。这下明白了吧，吃药的时候是只能用白开水的！

124

吃药分饭前饭后有什么意义呢?

细心的小朋友一定会注意, 每次感冒后, 总是在吃饭后再被妈妈强迫吃药, 难道这是"先给个甜枣再给一巴掌"吗? 可是爷爷喝中药时不是总在饭前喝吗? 难道饭前饭后吃药还有区别吗?

这个是当然的。饭前饭后吃药是根据病情、药物吸收情况和药物对胃的刺激情况来决定的。药在饭前吃的话, 那时胃是空的, 药物会很快被胃吸收; 但如果药毒性比较大的话, 吸收太快不但不能治病, 反而很容易中毒。即使不会中毒, 也会刺激胃黏膜, 这就有可能导致我们的胃出现疼痛的症状。所以, 为了使药物在体内能更好地发挥效力, 同时减少药物对胃肠的刺激, 在服用时, 医生一定会根据药物的性质和作用建议你是该饭前吃还是饭后吃。

中药

枸杞

姜片

西药

小朋友们可不能乱吃药哦!

煎中药时为什么最好使用砂锅?

中药是中国特有的，它们本是一些极普通的草根、树皮之类的东西，但搭配起来吃却有治病的效果。而且，煎中药时所用的锅也很讲究，最好使用砂锅。

砂锅的主要成分是硅酸盐，它的化学性质非常稳定。当加热时，砂锅的传热会很慢，因此受热会比较均匀。这样，煎药时加入的水就不会被蒸发掉太多，并且可以将药材中的药性都煎出来，可以达到最好的治病效果。

最重要的是，砂锅在加热时不会释放化学成分，如果用铝锅或者铁锅煎药的话，这些活泼的金属元素在煎药的过程中极有可能与药材中某些物质发生化学反应。这样一来，药物的药性就改变了，不但不能治病，甚至还可能中毒。因此，煎药还是最好使用砂锅。

用紫砂壶泡茶有什么好处?

别看紫砂壶的样子并不光鲜亮丽，却是一些喜欢喝茶的人的最爱。人们用紫砂壶泡茶是因为用它泡茶有极好的保健作用。

紫砂壶不烫手，也不容易炸裂，而且保味功能很好，用它泡茶，不会产生异味，还可以让茶的色、香、味等都保持得很好。

最重要的是，紫砂壶属于陶具，有很好的渗透性。用了很长时间的紫砂壶就算不放入茶叶，注入开水后也会有茶香。是不是很神奇呢?

在刚发烧时为什么不能吃退烧药?

"发烧啦,快快吃退烧药吧!"小朋友们发烧时是不是这样想的呢?发烧真难受,如果用药把发烧"截"住,那病就会马上好啦!但是,你们知道吗,是否吃退烧药,要看体温的变化情况。

发烧是因为我们身体的某个部位出现炎症而引起的。在有炎症的部位,白细胞和细菌、病毒会进行大战,而发烧就是它们战争打响的信号。

在这个时候,如果我们吃了退烧药,无疑干扰了白细胞的工作。而如果我们暂时放任不管的话,心跳会加快,大量的血液就会流到发炎的地方。在稀释那里毒素的同时,还会带来更多数量的白细胞支援,它们会直接吞噬、消灭细菌和病毒。但如果体温一直上升超过38.5度时,我们就要吃退烧药了,因为高烧会对身体造成伤害。

当白细胞胜利后,烧自然就退啦。

为什么茶壶的盖上都有一个小孔呢?

善于观察的小朋友一定会注意到,每个茶壶上都有一个小孔,这难道是工匠的疏忽吗?还是它有什么特殊的用途呢?

其实,这个小孔是有很大用途的,它是茶壶里面和外面空气流通的道路。当茶壶中装满水后,外面的空气压力会大于茶壶内部的压力,也就是说,这个时候水是没有办法从茶壶嘴倒出来的。

我们可以回想一下,当我们在牛奶盒上扎小孔的时候,如果不往外吸,牛奶也出不来,但如果在另一个地方再扎一个小孔,牛奶就会自己流出来了。茶壶倒茶也是这个道理哦。在茶壶盖上开一个小孔,壶内外的气体压强就会相同,水就会顺畅地从壶中倒出来啦!

保鲜膜为什么能使食品保持新鲜？

妈妈常常将买来的水果包上一层保鲜膜再放进冰箱里去。保鲜膜，看名字就知道是用来给食品保鲜的。可是，这样一层薄膜，为什么可以起到保鲜的功效呢？

首先我们要知道，食品腐烂变质，是与空气中的氧气接触发生了氧化反应的缘故。所以如果要食品保持新鲜的话，只要让它与氧气隔离就好

了。而这时，就是保鲜膜"闪亮登场"的时候了。保鲜膜盖在食品上之后，还要用力压一下，这样做就能让保鲜膜和食品之间的空气挤出来，食品就不会与氧气接触，也就能减缓氧化反应的速度了。

当然，保鲜膜的保鲜功能仅适用于短时间内的保鲜，如果要长时间保鲜的话，还是要靠冰箱的。

智慧大本营 ◀

其实，很多食物之所以可以保鲜，都是隔绝了氧气的缘故。我们常见的罐头和真空包装的食品就是这个道理。通过将氧气抽出来，食物可以彻底隔绝氧气，从而延长保质期。

小朋友们见过保温瓶吗？它是给热水保温的好帮手呢。

打开保温瓶的底盖，里面是一个大大的玻璃瓶胆，保温瓶可以保温的秘密就在这里面。这个玻璃瓶胆是一个两层之间被抽掉空气的双层玻璃瓶。仔细观察，可以发现在瓶胆的下面有一个小尾巴，制作的时候，就是通过这个小尾巴抽掉空气，将两层玻璃中间变成真空的。

热量的传播需要通过介质的帮助才能完成，成了真空之后，没有了空气这种介质，内外温度的交换也就被阻隔了。当我们把热水灌进瓶胆之后，再用软木塞塞住瓶口，那么热量就被关在保温瓶里面，很难散发出来了。

另外，保温瓶的内胆是闪闪发亮的。这是因为它的内胆镀了一层薄薄的银。这层银不会吸收热量，而且还能反射热量。这样一来，保温瓶自然能将热水的热量牢牢锁住啦！

为什么医用"热敷袋"会自己发热？

医院里总有一些神奇的东西。比如"热敷袋"，里面不用灌热水，也没有通电加热，它竟然能自己发热，而且热量还能持续很长时间，这是什么原因呢？

其实，医用的"热敷袋"与我们冬天用的"暖宝宝"发热的原理是一样的。铁在氧化反应时能够释放出热量，而"热敷袋"正是利用了这个原理。当然，铁在自然条件下的氧化反应速度很慢，热量也难以集中，为了要让它产生大量的热量，"热敷袋"还加入了其他的物质。

活性炭与氯化钠就是它的选择了。因为这两种物质有很强的吸附性，与空气接触后，里面就能储存大量的水蒸气，水蒸气变成小水滴流出后与空气和铁粉接触，再加上氯化钠的催化作用，铁就可以快速发生氧化反应，生成氢氧化铁，在这个过程中，大量的热量也就被释放出来了。

热敷袋

水壶底下为什么要有波浪纹?

小朋友们有没有看到过? 在水壶或者平底锅底下,都有波浪形的纹路。平底锅底下做成波浪形还好理解,这样可以使它们的底部受热均匀,不至于有的菜因为受热不均而不熟或者煳掉。但是,水壶做成那样有什么用呢,水是可以自己流动的,谁先热谁后热有什么关系呢?

当然,波浪纹的壶底并不是为了使它的受热均匀,而是为了增大它的受热面积。想一想,在同一块区域内放上平整的纸和折皱的纸,折皱的纸的实际面积一定比平整的纸面积要大。因此,那一圈圈的波浪纹将水壶底的实际面积变得更大了。在加热时,水壶就可以接受更多的热量,水也就能更快地烧开了。

而且,这种波浪纹也能让壶底变得更加坚固,它通过分散火力,增强了壶底的抗烧能力,水壶的使用寿命也因此而延长了。

保温瓶灌满更利于保温吗?

小朋友给保温瓶灌过水吗? 你是倒得满满的,还是留出一些空间呢? 事实上,将保温瓶中的水装满是不利于保温的,所以在给保温瓶装开水时,一定要留2~3厘米的空隙,千万不要灌满哦。

我们都知道,保温瓶的内胆是双层玻璃的结构,两层玻璃之间已经抽成了真空,再加上软木塞的阻挡,热量是很难散发出去的。但是,软木塞不像瓶内胆一样有那么好的隔热能力。如果将水灌满,水就直接和软木塞接触,这样软木塞就成了很好的导热介质,热量就会通过软木塞跑出来了。

因此,我们在灌水的时候,一定要在保温瓶口的地方留下一点空隙,让空气帮我们把热量留在瓶中,这样水的热量只能通过空气传给软木塞,再由软木塞传出去,空气的传热能力比软木塞要差得多,相对来说,保温效果也就好得多啦!

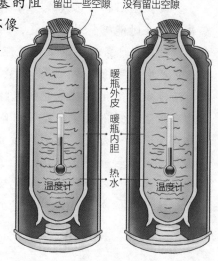

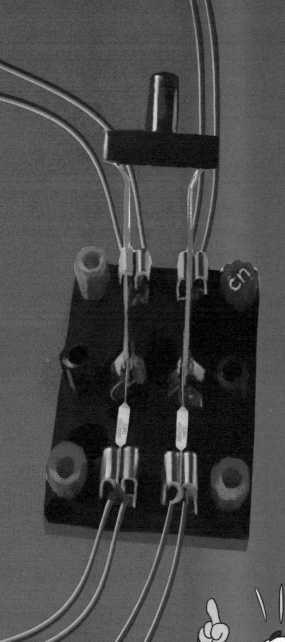

保险丝为什么能保险？

你知道保险丝吗？顾名思义，它是对用电安全起保险作用的金属丝。其实，保险丝的真名叫"熔丝"，它是由铋、铅、锡、锑的合金做成的。为什么保险丝能起到保险作用呢？

这是因为保险丝的熔点要比普通电线低。家里用电过多或者电流很大时，它就承受不住了，会因为电流的高温而熔化断裂。这样电流也就被切断了，从而保护了电线和家用电器不会被电流烧坏，更不会因为电线烧毁而引起火灾。

智慧大本营

合金就是将两种或者两种以上的金属混合在一起形成的新金属，比如普通黄铜就是铜和锌的组合，青铜主要是铜和锡的组合。做合金的目的是发挥各种金属的特性，形成具有另一特性的金属，为人们所利用。

啊，漏气了！

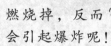

开窗通风。

煤气泄漏时为什么不能开排气扇？

小朋友们知道当煤气泄漏时我们要怎么做吗？这时千万不能点燃煤气炉，因为它不但不能将煤气燃烧掉，反而会引起爆炸呢！

所以在煤气泄漏的时候，最好的办法就是将它赶出屋子！那就是开窗通风，增加空气的流通。

不可以开排气扇！

不过，需要注意的是，千万不要开排气扇！因为，开排气扇时开关与插座处会产生我们看不到的电火花，这些电火花就像是煤气炉的电打火一样，很可能会将屋子里的煤气点燃，引发爆炸！

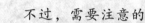

为什么就算打开电冰箱的门室内温度也降不下来？

夏天汗流浃背，真想钻到冰箱中去。对啦，冰箱中的温度那么低，我们打开冰箱的门会不会使屋子里的温度降下来呢？

这是不可能的！冰箱与空调一样都是利用电能进行热能的转换，但是，冰箱在制冷的时候，冷凝器是热的。如果小朋友用手靠近冰箱后面黑色的网子时，就会感觉到热。冰箱中的热量就是通过这个冷凝器传送到冰箱外压缩机上，这部分热量以及压缩机工作的热量就会散到外面，冰箱中便只剩下冷空气了。

这个时候，就算打开冰箱门，冰箱中的冷空气和外界能够进行空气交换，附近的空气会变凉。但是，这里变凉的同时冰箱后部也便会将这部分热量释放出来。这样一出一进当然不能使室内的温度变凉啦，甚至因为冰箱压缩机要努力工作，还会变得更热呢！

热

小朋友们有没有见过水池的下水管？它并不是一根直直的管子，而是有一个弯儿。这是因为下水管和下水道是相连的。我们都知道，下水道是运送我们生活废水的，所以异味很重。要是没有这个弯管，下水道的气味就会反上来，整个房间都会充满下水道的味道！这样的情景，想想就觉得可怕。

水池的下水管因为有个弯儿，所以会有水停留在那里。滞留其中的水既阻挡了下水道中的异味，也将一些害虫或者细菌隔在了弯管以下。这样，房间中不但没有异味，还能保持卫生，害虫也不会通过下水管进入到我们的屋里。

智慧大本营

现在卫生间的洗手池大多已经隐去了下水管的样子，在外面会用陶瓷包裹，这样看起来更加美观。而且，现在所用的下水管质地也有了变化，由以前容易生锈的金属管改为了不锈钢管或PVC管等。

为什么啤酒倒进杯子里会冒泡?

小朋友们给爸爸倒过啤酒吗?啤酒倒进杯子时,会产生大量气泡。这些气泡是从哪儿来的呢?其实,这些气泡是溶解在啤酒里的二氧化碳。

啤酒在酿造的过程中,会产生二氧化碳,同时啤酒厂也会将额外的二氧化碳压缩溶解在酒液里,然后再加压装瓶,盖上盖子密封。这些二氧化碳可以增加啤酒的口感。当我们打开酒瓶盖的时候,溶解在酒里的二氧化碳就会冒出来,和酒液混合在一起,形成大量的泡沫。

在特别寒冷的冬季,为什么用湿手接触铁器时会被粘住?

寒冷的冬天,用湿手碰铁器时手指就会被粘住。事实上,这并不是一种很偶然的现象,不只是铁,像铜、铝等其他金属同样也会把我们的手指粘住。甚至在夏天,我们吃刚刚从冰箱中拿出冒着白气的冰棒时,嘴唇都会被粘住呢!

这种现象是怎么产生的呢?这是因为,我们的湿手在接触到这些温度极低的物体时,物体表面的温度极低它会迅速将与它接触部位的热量传走。这样,手指上的水就会瞬间结冰。也就是说,我们的手指是被冻在金属上的,感觉上就像被粘住一样。

在这个时候,我们不能因为害怕而用力拽哦,这样是会受伤的!如果被粘住了,只要稍等一会儿,人体自身的热量就会将这里的冰融化,我们自然就能和这些物体分离啦!

啊,手指被粘住了!

古代为什么要用银器检验酒菜是否有毒？

　　小朋友们都看过古装剧吧？在剧中，人们都用银针来验毒。难道银器真的可以判断酒菜中是否有毒吗？

　　是真的哦！银器的确可以验毒，不过它也只能检验出来剧毒。对于那些慢性毒药，银器也是无能为力的。银器之所以能验毒，是因为在古代制作的毒药里都含有一些硫或者硫化物，这些硫化物和银接触后会发生化学反应，银的表面就会裹上一层黑色的名叫"硫银"的物质。所以，古代人一旦发现银器变黑，就可以判断酒菜中被人下了剧毒啦！

我最喜欢用塑料小勺吃饭！

智慧大本营 ↑

　　虽说古代银可以验毒，但它也不是万能的哦！因为它只能和硫发生反应，也就是说，不含硫的毒药是无法测定的。比如在毒草、毒虫面前，银都是无能为力的。

银为什么能消毒？

小朋友们觉得银子有什么用途呢？除了装饰以外，它还能消毒呢！在我们喝的水里，只要每升的水中含有五千万分之一的银离子，水中的大部分细菌就没命了。这是因为，银在水中可以形成带电的离子，它能够进入细菌体内，使它们"窒息而死"。

美国的一名科学家曾做过这样的试验，他往含有很多细菌污物的水中加入了适量的银离子，3小时后，这些细菌竟然全部死亡了！还有人通过实验发现，害我们感冒的伤寒病菌在银片上只能活18小时，而白喉菌在银片上也只能活3天。这也就是说，用银做的餐具进食，对我们身体健康有着很大的好处呢！

现在，世界上超过半数的航空公司都已经开始使用银制的滤水器；许多国家的游泳池也用银来净化。通过银净化后的水不但纯净，而且也不会像化学药品净化的水那样刺激人的眼睛和皮肤。所以说，银是天然的消毒剂呢！

银离子 Ag^+

水银真的有毒吗？

你一定见过体温计。体温计的里面有一种亮闪闪的液体，它的名字叫水银，虽然长得像"水"，名字中也有"水"，但是它的真实身份可是像铁、铜一样的金属。而且，它不是银的一种，它的化学名字叫汞。银可以消毒，但水银却是有剧毒的！如果我们不小心接触了这种物质，会给我们的身体带来非常不利的影响呢！

水银是一种可以在我们身体中积累的毒物，而且很容易被皮肤、呼吸系统或者消化道吸收。当它进入我们身体后，会直达我们的神经系统，破坏口腔和身体内部的黏膜，甚至是牙齿。所以，如果长时间与水银接触的话，等它积累到一定程度，就会导致脑损伤甚至死亡。

所以，小朋友们千万不要拿着打破的体温计里的水银"球球"玩哦，那是很危险的。

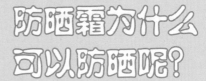

防晒霜为什么可以防晒呢？

在炎热的夏天，妈妈每次出门前都会涂抹防晒霜。防晒霜真神奇，竟然能够阻挡强悍的紫外线。它是怎么做到的呢？

其实，防晒霜中含有的化学物质具有物理防晒作用或化学防晒作用。物理防晒是指防晒霜中的化合物可以屏蔽或反射紫外线。而化学防晒是指防晒霜中的化合物可以将紫外线吸收并转化为热能释放掉。

当然，我们涂了防晒霜也不可能一直防晒，长时间在户外要按照使用说明及时补涂防晒霜。

智慧大本营

虽然我们觉得夏天紫外线非常强，需要防晒，但其实，冬天的阳光也一样有紫外线。所以，防晒霜应该一年四季都涂，只有这样，我们的皮肤才能得到最好的保护。

日光灯用久了为什么会两头发黑?

小朋友们观察过日光灯吗? 它用久了就会两头发黑。其实,这些发黑的部分是日光灯的灯丝。日光灯的灯丝在启动后会一直处于高温状态,时间一长,制作灯丝的金属分子就会被激发起来,具备了极高的能量。这时,它们就再也不安分啦,不愿意再与灯丝抱在一起,会纷纷向周围逃跑。

但是,它们再跑也跑不出灯管。遇到灯管管壁的阻挡时,就会被拦下。而且管壁较低的温度使它们冷却下来从而贴在管壁上,形成了黑乎乎的一层。当然,这个过程是很缓慢的,因为在灯管启动后发光的就不是灯丝了,而是日光灯内部的气体。所以说,日光灯变黑,是一个极其缓慢的过程。

绿色植物为什么不宜放在电视机旁边呢?

在室内外种点绿色植物,这样不仅看着好看,而且可以净化空气,的确是一举两得的事情。可是小朋友们知道吗? 绿色植物不是什么地方都可以放的哦,特别是电视机旁边是不宜摆放绿色植物的。

因为绿色植物会使空气湿润,电视机的很多零件都很怕水,特别是散热栅格内侧的电路板,它直接与外界空气接触,如果一直处于湿润的空气中,那么电路板上的电子元器件便会因受潮而影响使用寿命。如果真的想要放点绿色植物来养养眼的话也不是不可以,仙人球、仙人掌或者芦荟等耐旱的绿色植物是很不错的选择。

晚上卧室里为什么最好别放花草？

你喜欢植物吗？花花草草充满生机，而且在阳光下还能够吸收二氧化碳，呼出氧气。对于我们来说，植物可是最好的伙伴呢。但是，我们和这些"好朋友"之间也不能过于亲密，特别是不能把它们放到卧室里！

植物有一种很奇特的呼吸方式，它们在阳光下和黑暗中的呼吸方式是不一样的。在阳光下，它们通过光合作用，吸收二氧化碳，呼出氧气。但是到了晚上，没有了太阳，它们无法进行光合作用，就会采取和我们一样的呼吸方式，也就是吸入氧气，呼出二氧化碳。

要是将它们移居到卧室中，那么一到晚上，它们就会成为和我们争抢氧气的竞争对手。卧室中的二氧化碳会越来越多，氧气会越来越少，这样就对我们的身体健康造成影响了。

智慧大本营

白天在卧室还是可以放置植物的，只要在夜间的时候搬出去就可以了。缺氧对于我们有很大的损害，如果长期在缺氧的环境中生存的话，我们的脑细胞会大量死亡，这样我们就会变得笨笨的。

肥皂水为什么能吹出好玩的泡泡？

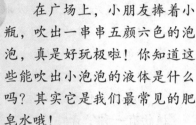

在广场上，小朋友捧着小瓶，吹出一串串五颜六色的泡泡，真是好玩极啦！你知道这些能吹出小泡泡的液体是什么吗？其实它是我们最常见的肥皂水哦！

肥皂水中含有硬脂酸盐，它的分子很大，能够形成一层肥皂膜，这种膜很"结实"，不容易被碰破，当你吹气时，肥皂膜便会一点点膨胀起来，变成一个个像气球一样的小泡泡。如果想要吹一个很大的泡泡的话，那可以在肥皂水中放一些甘油，这样肥皂膜会更"结实"，你慢慢地对着管子吹气，它就会慢慢变大啦！

油着火了能不能用水去灭？

水可以灭火，这是最基本的常识，而且消防员叔叔也是用水来救火的。但是，不是所有的火都可以用水救哦！

水是火的克星，那是因为水能使火瞬间与空气隔离，没有氧气的情况下，火苗是不能燃烧的。但是，如果油着火了，情况就不一样了。因为油的密度比水要小，油倒入水中后会漂浮在水上面。所以，当油着火后，我们加入水的话，油也会迅速浮到水面上，火还是会继续燃烧！而且，更可怕的是，水可以向四面流动，用水不但灭不了火，反而会带着火向四面八方跑，会造成更严重的后果呢！

所以，当家里的油锅着火时，千万不要倒水，你可以迅速盖上锅盖；当油在地上着火时，可以盖上土或者湿的毛巾、麻袋等，这样一来，火苗就会被"闷死"啦！

花露水为什么越放越香？

　　小朋友们夏天都用过花露水吧？花露水可不是花朵上的露水哦，它是由香精、酒精和水混合而成的。大部分的香精不会与水相溶，但它们一定可以溶于酒精，所以花露水在制作时一定会用到酒精。

　　人们常说，花露水越放越香，这是因为花露水中的酒精与香精相互作用以后，香精的粗糙气味能够逐渐变得细腻，时间愈长香味愈醇厚浓郁。而且，我们都知道，酒精是很容易挥发的。在长时间放置后，酒精挥发了很多，花露水当中香精的浓度增加了不少，自然味道也会越来越香啦！

智慧大本营 ↑

　　花露水是我们夏天常用的物品。它能够止痒，还能驱蚊。其实，花露水还有很多我们不知道的作用呢！在擦桌子或是擦地的时候滴入一点花露水的话，不仅可以杀菌消毒，还能感觉更清爽呢！

蚊香只有整夜点着才可以驱赶蚊子吗？

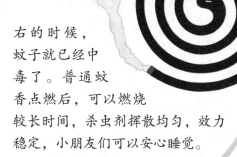

　　蚊香在制作的过程中，会加入一些杀虫剂，在高温燃烧下，杀虫剂就会缓缓地释放到空气中，蚊子就像中毒一样开始迷糊起来，昏昏欲睡，就没有叮人的力气了。蚊香能够释放杀虫剂，不仅会伤害蚊子，也有可能给我们带来伤害，所以我们没有必要整个晚上都点着蚊香。

　　一般情况下，点燃蚊香后5分钟左右的时候，蚊子就已经中毒了。普通蚊香点燃后，可以燃烧较长时间，杀虫剂挥散均匀，效力稳定，小朋友们可以安心睡觉。

被蚊子叮咬后，涂些肥皂水为什么能止痒？

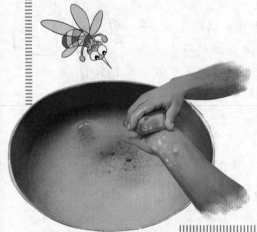

在被蚊子叮咬之后，我们总会感觉很痒。除了用花露水止痒之外，妈妈有时也会为我们涂肥皂水。为什么肥皂水可以止痒呢？

想要弄明白原因，我们就先要知道一个现象，就是酸碱中和。举例来说，我们蒸馒头发酵后的面会有一种酸酸的味道，这个时候要想去掉酸味，就要加入食用碱。酸和碱碰到一起后就会中和形成水，就不会再有酸味了，这就是酸碱中和。

肥皂水止痒也是一样的道理。当蚊子叮咬我们的时候，会在我们的皮肤中注入一种酸性的"麻药"，这种"麻药"失去效用后就会与皮肤中的细胞发生反应，我们的感觉就是"痒"。这时，如果将碱性的肥皂水涂在皮肤上，那么酸碱中和形成水，让我们痒的"酸"没了，皮肤自然也就不会痒啦！

每个小朋友都喜欢小宠物，可是再喜欢也要与它们保持一定距离，不要抱着小猫小狗亲来亲去。因为很多疾病都是靠着宠物传播的，而且宠物的病同样是可以传染给人的！

狂犬病我们都知道，它是典型的宠物传播给人类的疾病。得了狂犬病的狗如果咬了我们，我们就会得狂犬病。所以，在被狗咬之后，我们必须要及时注射狂犬疫苗。其实，这只是众多动物传染病当中的一种而已。现在，世界卫生组织已经调查了200多种动物传染病和寄生虫病，像禽流感、口蹄疫等，都是有可能传染给人类的动物传染病。

宠物的病可以传给人吗？

智慧大本营

除了严重的病症之外，还有很多常见传染病，比如猫猫狗狗的皮肤病，或是它们身上的寄生虫等。因为小朋友们年龄小、免疫力差，所以更容易被传染。一定要多加小心哦！

红糖能变成白糖和冰糖吗?

红糖、白糖和冰糖虽然长得不一样,但它们的"妈妈"却是一种物质哦,她的名字叫蔗糖。而且,纯净的白糖与冰糖竟然是从红糖变化而来的呢!

制糖时,工人们会将甘蔗或甜菜等原料压出汁,滤去杂质,再往滤液中加适量的呈碱性的石灰水,中和其中因为酸性条件而产生的果糖酸,再过滤,除去沉淀。然后人们会在滤液中通一根管子,通入二氧化碳,使石灰水沉淀,再重复过滤,所得到的滤液就是蔗糖水了。

把蔗糖水放在真空容器里,减压蒸发、浓缩、冷却过后,就会有红棕色略带黏性的结晶析出,这就是红糖。如果在红糖水中加入骨炭或活性炭,红糖的颜色就消失了。再反复加热、过滤、结晶后,白糖就诞生了。之后再把白糖加热,去掉里面的水分,就会结成无色透明的大块晶体,这也就是我们喜欢的冰糖啦!

红糖

白糖

冰糖

智慧大本营 ↑

因为工序不同,所以价格有差别。打个比方,红糖就像是毛坯房,白糖是简装房,而冰糖则是精装房。因为冰糖要经过很多工序才能制成,所以价格最高。

> 我扛着的就是能用于生产蔗糖的甘蔗哦!

茶壶茶杯为什么会长茶锈？

别看小小的茶叶不起眼，它可是有迷人的香味呢。茶的独特香味来自一种挥发油，除此之外，茶叶当中还含有很多化学成分。也正是这些物质作怪，茶杯和茶壶中才会有茶锈产生。

茶壶当中的茶锈来源于一种叫作鞣质的成分。其实，这种物质很常见，涩涩的柿子、没熟的水果等里面都含有鞣质。鞣质很容易溶于水，尤其是沸水。而且它也喜欢和空气中的氧气待在一起。它能够把氧分子吸收，让自己变一个颜色，也正是这个原因，所以茶水才会越放颜色越深。

但是，鞣质离开水后，就会长高变大，变身为很难溶于水的红色或者棕色物质，名字叫鞣酐。这种物质最喜欢贴在茶壶或者茶杯的内壁上，日子一长，看上去就像生了锈一样，人们也就形象地称它为"茶锈"了。

为什么自来水要晒过之后才能养鱼？

家里养过鱼的小朋友一定知道，要想养好鱼，首先要养好水！我们生活中用的自来水，最好不要直接用来养鱼。因为这种水是将天然水加入氯消毒杀菌后才送到我们家里来的。氯虽然可以将水变洁净，杀死水中的病菌，但对鱼来说，它是十分有害的。

所以，如果要想让小鱼快活地生活在鱼缸里，首先就要将水中的氯去掉。去掉氯的方法也很简单，只要在太阳下晒一段时间就可以了。我们可以用洗脸盆或者水桶装满水，然后让太阳光一直晒10小时以上，这时自来水中的氯便会消失，小鱼也就可以在水中快乐地游泳啦！

鱼缸里的绿水可以养鱼吗？

好奇怪，鱼缸里也就2天没换水，竟然变绿了，难道水"发霉"了吗？其实，绿水是因为水中绿藻繁殖而形成的。在中国传统的养鱼方法中，是很支持用这种绿水养鱼的。因为绿藻可以吸收分解水中的一些有害物质，然后释放出氧气。最重要的是，它们是小金鱼喜欢的食物呢！所以，别看绿水脏兮兮的，用这种水养出的鱼身体十分健康，也很活泼、漂亮呢！

智慧大本营 ↑

藻类植物是最简单的植物，它们没有根、茎、叶、花等，只有一个简单的"身体"。不过，它们与植物一样可以进行光合作用，在阳光的照射下可以将二氧化碳转化成氧气。

泡沫灭火器为什么可以灭火？

小朋友们，灭火器当中的泡沫为什么可以灭火呢？事实上，火要想燃烧就需要氧气的支持，如果没有了氧气，它自然也就会熄灭了。而我们最常见的泡沫灭火器就是根据这个原理制作而成的。

泡沫灭火器所喷出的泡沫与啤酒的泡沫有些相似。在泡沫灭火器的内部有两个"房间"，分别住着硫酸铝和碳酸氢钠。它们两个是死对头，绝对不能碰面，只要一碰面就"气"得直冒烟，这个烟就是二氧化碳，它是绝对不会燃烧的。除了它们两个之外，灭火器当中还有一种发泡剂。当需要灭火的时候，发泡剂就会和二氧化碳融合，成为二氧化碳泡沫。

当打开开关后，泡沫从灭火器喷出后，紧紧地包在燃烧的东西上，使它透不过气来，身体也会逐渐变凉，小火苗自然就熄灭啦！

摩丝为什么能固定发型?

小朋友们见过摩丝吧? 它可真神奇, 明明是泡沫, 竟然能让头发老老实实地贴在一起, 动也不动。为什么它会有这么神奇的功效呢?

摩丝, 主要是由高分子聚合物混合而成的, 它们本来不是液体, 制作摩丝时会将它们溶解在特别容易挥发掉的溶剂中, 形成了液态的摩丝。

当我们把摩丝喷到头发上时, 那种十分容易挥发的液体便会马上挥发掉, 高分子聚合物便会将头发抱住, 然后迅速变硬, 这样头发外面就会形成一层透明的保护膜, 头发就这样被神奇地定型啦!

升到空中的气球到哪里去了?

节日里, 广场上总会有一些小朋友放飞气球, 一大批气球飞上天空, 那景色十分好看! 可是, 这些气球越飞越高, 它们跑哪里去了? 难道飞到外太空去了吗?

小朋友们放心, 气球是跑不出地球的怀抱的。当它们被放飞后, 就会越升越高、越升越高, 可是越往上空气也就越稀薄, 大气压也会越来越小, 小气球就会觉得越来越不适应环境。没了外面空气的阻碍, 再加上它肚子中的气压比外面的气压高, 它便使劲要让自己变大。就这样, 越鼓越大, 越胀气球的壁也就越薄。达到一定程度后, 外皮再也承受不了小气球任性地膨胀了, "啪"的一声, 气球就这样把自己给胀破啦, 最后落回到地面上。

智慧大本营

并不是所有的气球都能飞上天的哦! 小朋友们或许发现了, 我们用嘴和普通气筒吹起来的气球是不会飞到空中的。这是因为气球当中的气体不一样。能够飞起来的气球当中充的是氢气或氦气, 因为它们比空气轻, 所以能飞到空中去。

146

小朋友们站在高山上大声喊过吗？面对大山使劲喊，过一会儿后，我们就能听到回声。声音是靠声波传送的，碰到了大山后会折返回来，所以我们便听到了回声。不仅在山中，两楼之间、空旷的屋子或者大厅同样会产生回声，但是，如果大厅中坐满了人，回声就会神奇地消失了，这是为什么呢？

首先，我们必须先明确一个问题，声音传出去碰到任何物体都会反射回来，但是经实验确定，产生回声的距离至少要17米，如果它碰到的东西离我们很近，那么这个回声就会以很快的速度传回来，我们的耳朵难以捕捉。大厅中坐满了人的时候，声音会碰到很多障碍，达不到17米的距离，再加上人的衣服、身体都有可能吸收声波，回声就自然消失啦！

寒冷的清晨窗户玻璃上为什么会结出美丽的冰花呢？

冬天寒冷的早晨起床后，窗户玻璃上竟然结出了许多漂亮的花，它们各式各样、晶莹剔透，美丽极了。那么，是谁在玻璃上描绘出了这么美的图案呢？

答案当然是大自然了。窗户玻璃上的花朵是由小冰晶形成的。冬天的早晨，外面的空气温度很低，屋里的空气温度高，屋子里的水蒸气碰到冰凉的玻璃时就会迅速结成小冰晶，这些小冰晶一个挨一个儿地贴在玻璃上，形成了美丽的冰花。

小冰晶是六角形的，而且贴在玻璃上并不老实，由于温度的变化、风的吹动，再加上玻璃表面也没有那么光滑，所以它们一会儿融化，一会儿凝结；一会儿向这儿，一会儿向那儿，就形成了各式各样的图案啦！

147

为什么要用铁桶而不能用塑料桶装运汽油？

不知道小朋友们有没有留意，路上那些运汽油的车都是用金属桶，而汽油到站后，人们也会用铁桶装。我们都知道，金属的成本比塑料高很多，既然如此，为什么不用塑料桶装呢？

这就要怪汽油的"脾气"不好啦，它特爱"发火"，是一种易燃、易爆的液体，如果稍微不注意，它就有可能被点着，甚至爆炸。我们都知道，塑料燃烧起来是非常容易的，当汽油在灌装、倒出或者晃动时，都有可能与塑料的桶壁摩擦引起静电火花，这样就会很危险。铁桶就不一样啦，它是可以导电的。汽油产生的电能会被它顺利地导出来，看来也就只有铁桶能降住汽油的坏脾气啦！

148

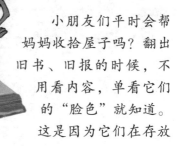

旧书报为什么会变黄?

小朋友们平时会帮妈妈收拾屋子吗?翻出旧书、旧报的时候,不用看内容,单看它们的"脸色"就知道。

这是因为它们在存放几年以后,竟然变黄了。

旧书报发黄是很常见的现象,无论我们怎样去保护,时间长了它总是会变黄的。那是因为纸张大部分都是用木材为原料制成的,这样纸中便含有木材纤维素。这些纤维素本来是白色的,但它却很喜欢和空气中的氧气在一起"玩",结果使自己变成了黄色。纸里的纤维素变黄了,当然纸也就变黄了。

而且,纤维素很害怕阳光,时间一长后它就会被晒"酥",所以我们看到的那些老书报不仅颜色发黄,还缺乏韧性呢!

不倒翁为什么永远不会倒?

玩过不倒翁吗?不倒翁,看到名字就知道,无论你怎样推它永远也不会倒。

这是因为,它的上半身是用比较轻的材料制作的,而身体最底部往往是一个半圆形,里面有一块很重的铅块或者铁块。这样,会使它的重心变得很低,重心越低站得越稳。当它向一边倒时,它与桌面的接触点就会变化,这时,重心和接触点就会偏离,在地球引力的作用下,它就开始围着接触点摆动,直到找到最终的平衡。所以不倒翁才会永远不倒。

在生活中,小朋友们也要做个不倒翁哦!不论什么困难,我们都要勇敢接受,不能被打倒!

为什么马路上有许多井盖儿？

　　走在马路上，我们总是可以发现很多井盖儿。有些井盖儿的下面是下水道，工人师傅们可以从这里下去检修下水道。当雨季来临时，雨水就会顺着马路边缘的铁箅子流入下水道，避免积水。当积水过深的时候，也会直接打开那些井盖儿放水。一般情况下，根据路段的不同，井盖儿的大小和距离也会有相应的变化，积水多的区域井盖儿也会比较多。通常每个井盖儿之间的距离不会超过150米，在积水多的地方平均每50米就会有一个。

　　当然，马路上除了排水井盖儿之外，还有煤气、天然气管道井盖儿，电信、闸阀井盖儿等，通过观察井盖儿我们就能发现它们的区别了。

为什么洗澡能消除疲劳?

玩了一天，汗流浃背，累得腿疼，妈妈一定会说："洗个澡就会舒服啦!"难道洗澡真的可以消除疲劳吗?

我们之所以会觉得累，是因为身体上某些部位出了很多汗，汗液、皮脂和一些脱落的皮肤表层细胞与灰尘、细菌粘在一起，将我们皮肤上的毛孔堵塞了，这样皮肤就会向我们传送不舒服的信号。所以，洗个澡，把堵塞毛孔的东西都洗掉，皮肤轻松了，自然身体也会觉得轻松起来，我们累的感觉也就消失了。

最重要的是，洗澡还可以促进血液循环，加快人体的新陈代谢，还能使你精神百倍，消除疲劳自然不在话下啦!

智慧大本营

皮脂里含有一些能防止细菌和真菌滋生的物质，能帮助我们的皮肤抵抗一部分外来的侵害，皮脂如果太多的话，皮肤就呈油性，如果皮脂分泌过少，皮肤就呈干性。

哈哈，真舒服啊!

冰箱里的细菌会被冻死吗？

冰箱是冷冻、保鲜食物用的，我们的家中都有冰箱。不过，它只能保存食物，起不到消毒的作用哟！

虽然冰箱极低的温度可以将细菌冻得瑟瑟发抖，不再繁殖，但是冰箱没有能力将它们冻死。一般情况下，冰箱分为冷冻室和冷藏室两个部分，冷冻室的温度最低是零下15℃左右，而冷藏室的温度一般是2~8℃。在这种环境，细菌的状态就像正在冬眠的蛇一样，只不过"睡着了"。等我们将食物取出来后，它们就会再次苏醒过来。也就是说，冰箱不具备冻死细菌的能力哦！

当冰箱门关上后，细菌们会进行"冬眠"。